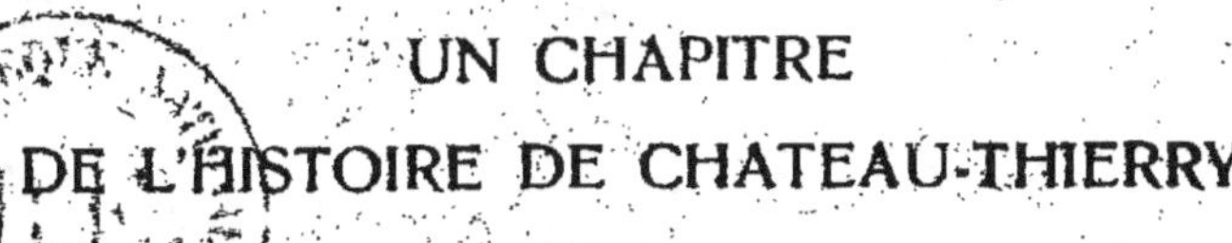

UN CHAPITRE
DE L'HISTOIRE DE CHATEAU-THIERRY

LA RUE DU CHATEAU

PAR

FRÉDÉRIC HENRIET

(avec Dessins de l'auteur)

CHATEAU-THIERRY

IMPRIMERIE MODERNE

H. BOUCHARDEAU, DIRECTEUR

1910

LA RUE DU CHATEAU

UN CHAPITRE
DE L'HISTOIRE DE CHATEAU-THIERRY

—

LA RUE DU CHATEAU

PAR

FRÉDÉRIC HENRIET

(avec Dessins de l'auteur)

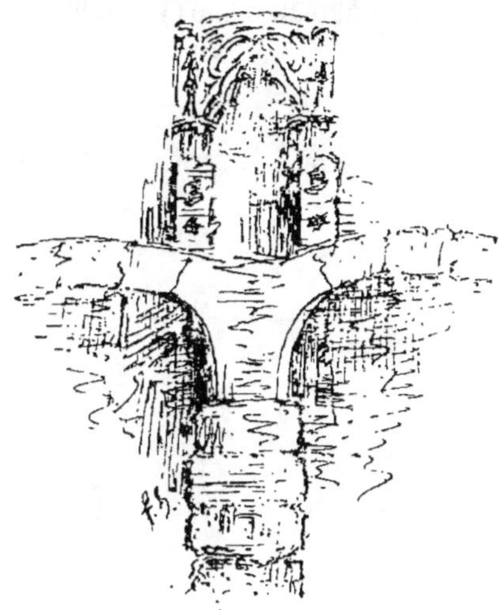

CHATEAU-THIERRY

IMPRIMERIE MODERNE

H. BOUCHARDEAU, DIRECTEUR

—

1910

Extrait du Bulletin de la Société Historique et Archéologique
de Château-Thierry (Année 1909)

TIRAGE A CENT EXEMPLAIRES

LA RUE DU CHATEAU

I

Physionomie générale

Les origines de la rue du Château se confondent avec les origines mêmes de notre ville. Toutes deux dessinèrent en même temps leurs premiers linéaments, au pied du massif rocheux qui les domine, lorsque celui-ci se couronna d'ouvrages défensifs assez imposants pour tenir en respect les bandes qui rançonnaient les alentours et protéger contre les pillards les gens qui viendraient se réfugier à l'abri de ses murailles.

Est-ce à dire qu'il n'exista aucun centre de population, dans le pays, avant que le monticule qui commande la vallée de la Marne se fût transformé en forteresse ? Non, assurément. Dès l'époque gallo-romaine, une agglomération urbaine couvrait le lieudit « Les Hérissons », mamelon situé entre Château Thierry et le Village Saint-Martin. Cette petite cité fut détruite par les Huns vers 453 (1). Non loin de ses ruines, dans notre quartier de la Madeleine, les survivants vinrent réédifier à nouveau leurs foyers, et ce fut le noyau primitif de notre ville.

Rien jusqu'à présent n'autorise à croire que les romains aient établi un oppidum sur la plateforme du château. Ce fut donc Charles-Martel qui, le premier, y construisit une sorte de villa entourée de fortifications rudimentaires pour en faire la résidence du jeune roi Thierry IV ou Théodoric, au nom duquel il exerça le pouvoir.

Ce n'est pas toutefois à ces temps barbares encore et transitoires que nous ferions remonter les premiers groupements qui se fixèrent sous le pavillon de la forteresse. Nous les placerions plutôt au cours des ixe et xe siècles, pendant la période où le château appartint aux comtes de Vermandois. Malheureusement les guerres incessantes qui désolèrent ces époques troublées, les nombreux sièges qui s'ensuivirent, démontrèrent bientôt, aux habitants déçus, les dangers d'une protection qui les mettait le plus souvent entre deux feux. En recherchant le patronage du seigneur, ils se liaient à sa

<hr>

(1) Voir sur ce sujet les travaux de M. Harant, aux Bulletins de la *Société Historique et Archéologique de Château-Thierry*, années 1890 et suivantes. Voir également le livre : « Nos Vieux Murs », récemment publié par M. G. Pommier, où l'auteur raconte, sous une forme aussi claire qu'attrayante, les premiers âges du château. Son histoire n'est, à vrai dire, qu'un des à côté de notre sujet ; mais il nous a paru nécessaire d'en rappeler sommairement les faits essentiels parce qu'ils sont le point de départ de notre travail.

fortune et devaient en subir tous les risques. Les épreuves
ne leur furent pas épargnées. Ils ne goûtèrent véritablement
un peu de repos et de tranquillité que sous les Thierry, seigneurs feudataires des Comtes de Champagne, dont le plus
fameux, Hugues Thierry, reconstruisit le château, en facilita
les abords du côté de l'orient, fit élever des murs de terrasse
qui donnèrent plus d'assiette aux maisons accolées au flanc
de la montagne, et tout porte à croire qu'en reconnaissance
des améliorations que la ville naissante devait à ces Thierry,
c'est à eux qu'elle emprunta son nom plutôt qu'au jeune roi
pour qui le château fut presque une prison, et au temps
duquel la ville n'existait qu'à l'état très embryonnaire, si
tant est qu'elle existât déjà.

Le bienfaiteur le plus insigne de la ville fut sans contredit
le Comte de Champagne et de Brie Thibaut, premier du nom
comme seigneur de Château-Thierry (1104-1147) (1). Sa bra-
voure, sa magnificence, ses fondations utiles lui méritèrent,
en dépit de son humeur versatile et batailleuse, le nom de
Grand. Il compléta les défenses du château, en ce qui con-
cerne la première enceinte, et en fit une forteresse formidable.
Particulièrement soucieux des intérêts de la ville, il recula
le lit de la rivière qui serrait de trop près les habitations.
Après quoi, il entoura la ville d'un cordon de remparts qui,
se détachant du château près la porte Saint-Pierre, s'y reliait
à la porte de Beauvais au moyen d'un bastion dont on voit
encore les vestiges. La ville prit alors sa configuration définitive. Sa principale artère qui contourne la montagne,
s'appela, selon les différentes sections de son parcours, rue
du Château, Grande-Rue, rue de Beauvais (plus tard, rue des
Cordeliers, aujourd'hui rue Jean de La Fontaine). La rue du
Château fut longtemps la plus importante, sinon par le
nombre de ses habitants, du moins par les gens de qualité
qui s'y portaient de préférence. C'était la rue bourgeoise,

(1) Il est deuxième du nom comme Comte de Champagne et de Brie.

voire aristocratique par excellence. La rue des Cordeliers peut se prévaloir aussi de quelques demeures bourgeoises de haute allure, notamment, au xvi° siècle, la maison où naquit La Fontaine ; mais la rue du Château était l'unique voie carrossable, bien que malaisée, qui conduisait à la résidence seigneuriale courtisans, vassaux, gens de service qui y avaient affaire. C'était aussi, en ce temps-là, au faubourg de la Barre, qu'aboutissait la route de Soissons et, par la rue du Château, que le transit venant de cette direction pénétrait dans la ville. Le mouvement de la rue était tel qu'une auberge, à l'enseigne du Cadran, s'ouvrit à deux pas de l'entrée principale de la forteresse, au n° 31 actuel. En face de ce n° 31, une ruelle avec degrés mène au chemin de ronde. Elle se prolongeait autrefois jusqu'à la courtine du rempart. On l'appelait ruelle du Cadran. Son amorce existe encore enclavée dans l'immeuble n° 31.

La rue du Château était le centre du monde officiel. Le voisinage de la résidence seigneuriale attirait, comme papillons à la lumière, gens de cour, de robe et d'épée. La chancellerie, appelée souvent dans les actes, grande chancellerie, selon sans doute qu'elle était ducale ou royale, fonctionnait aux n°s 12 et 14 actuels. Le Collège, sous la direction des religieux du château, occupait l'immeuble n° 20. Nous reviendrons plus loin sur ces deux établissements que nous nous contentons d'indiquer en ce moment.

Quatre notaires pour le moins y instrumentaient au nom du roi : Hatrel aîné et Hatrel jeune, neveu du précédent, maître de Boussois le père, et Leseur qui habitait en face l'Hôtel-Dieu (n° 16). Il est qualifié dans les actes, tantôt procureur-syndic, fonction municipale dont il fut investi après la Révolution, tantôt notaire, géomètre-arpenteur. Les avocats du roi, huissiers, fonctionnaires de tout ordre, hommes de loi de tout acabit y élisaient volontiers domicile. Sans doute, beaucoup de nos seigneurs ne firent que de rares et courtes apparitions dans leur domaine, mais le personnel religieux, civil et militaire des divers services, était sédentaire et suffisait à conserver au quartier son animation habituelle.

Avec la Révolution commence la déchéance de la rue. Le dernier duc de Bouillon qui avait accepté les idées nouvelles avec la formule : « La Nation, le Roi, la Loi » dut quitter le château lorsque l'ère des violences vint brutalement renverser les idylliques illusions des premiers jours. Déclaré propriété nationale, le ci-devant château n'en fut pas moins envahi, pillé par des malandrins qui brûlèrent titres et archives, brisèrent, détruisirent ce qu'ils ne pouvaient emporter, ne laissant après eux que des ruines. Le duc (61e et dernier seigneur effectif de Château-Thierry) se retira dans son château de Navarre, près Évreux, où il mourut peu de temps après. Le sac du château jeta le désarroi dans le monde qui en vivait. Les plus gros personnages du quartier, les des Courtils, les Mornay d'Hangest, les de Graimbert émigrèrent. D'autres se terraient au fond de leur demeure. La rue morne et déserte ne donnait plus passage qu'à des bandes avinées et hurlantes. Elle devint la « rue de la Montagne ». Le Collège fut supprimé par le décret de la Convention qui interdisait l'enseignement congréganiste et la chapelle de l'Hôtel-Dieu resta fermée jusqu'au Concordat. Tout cela n'était pas sans nuire profondément aux intérêts du quartier. Heureusement les officiers ministériels, les magistrats, les gens de loi lui restèrent fidèles à cause de la proximité du tribunal qui occupait, entre l'Hôtel-de-Ville et les murs de soutènement du château, au fond d'une cour séparée par une grille de la place du marché, l'endroit où se trouvent aujourd'hui la scène du nouveau théâtre et le magasin des décors. Lorsque le Palais de Justice fut transféré place du Champ de Mars, en 1844, ce fut un nouvel exode des avoués, huissiers, etc., qui se portèrent dans son voisinage, avenue de Soissons notamment. Ce fut donc encore une nouvelle cause de dépréciation pour le quartier. Le côté droit de la rue, qui jouit d'une vue splendide sur le panorama de la vallée, a mieux résisté que le côté gauche privé de ces avantages et dont les cours et jardins en terrasses se rétrécissent de plus en plus à mesure que les maisons se rapprochent du château.

La plupart de ces habitations n'en étaient pas moins occupées très bourgeoisement. On s'accomodait alors de pièces carrelées, dallées, mal protégées contre le froid et la bise, et l'on ne s'en portait pas plus mal. Maintenant, on exige des parquets partout, et des tapis et des portières, des bourrelets et des calorifères et mille autres recherches d'un sybaritisme raffiné, et l'on ne s'en porte pas mieux. Plusieurs de ces maisons, converties en logements ouvriers, montrent encore quelques traces de leur ancienne destination : hauteur des plafonds et des fenêtres, large développement des escaliers, etc. D'autres ont été rebâties dans les mesquines proportions du jour.

Même le côté droit de la rue est entamé. Il a encore ses fidèles séduits par sa situation et sa vue. Il les recrute parmi les gens du cadre de réserve, un tant soit peu philosophes, qui n'ont pas peur de la solitude et sont indifférents aux plaisirs mondains ; mais ne comptez pas sur les jeunes de la génération actuelle. Leur mollesse redoute le moindre effort musculaire. — « Grimper là-haut! Ah! non. Une maison rue du Château ? Je n'en voudrais pas quand on me paierait... » (Textuel.)

Une marchande dont la boutique en coin de rue confine à la place du Marché nous disait : « Cela me fait beaucoup de tort qu'il faille monter trois marches pour entrer chez moi ; je ferais un bon tiers de plus d'affaires si l'on y entrait de plain-pied... » Authentique. Je cite le propos comme signe des temps.

Beaucoup de maisonnettes du côté gauche, de plus en plus serrées contre la montagne, privées d'air et de soleil, sont réduites à des courettes humides, ménagées au bas des murs de soutènement et où l'on se croirait au fond d'un puits. Les enfants sont obligés de prendre leurs ébats dans la rue. A certaines heures, après la sortie des écoles, ils font irruption sur la voie publique, comme une volée de moineaux, et l'emplissent de leur gai tapage. La population du quartier est relativement très dense et remarquablement prolifique. Un fait à noter : les félins y pullulent comme les enfants. Ce ne sont que chats de tout poil et de toute couleur accroupis sur l'appui des fenêtres, au seuil des portes ou divaguant à travers la rue. Le chat est l'animal populaire par excellence. Il égaie la maison, garde le foyer, amuse l'enfant, chasse les souris et ne paie pas d'impôt.

Quelquefois des clameurs insolites viennent troubler la paix du quartier. C'est quelqu'ivrogne qui remonte péniblement chez lui en proférant d'incohérentes insanités, heureux encore s'il ne tombe pas lourdement dans le ruisseau. Souvent la bordée se termine par une querelle domestique appuyée d'arguments « ad feminam » dont les éclats attirent aux fenêtres et devant les portes les commères du voisinage qui commentent longuement l'incident. J'ai plaisir à reconnaître que ces scandales sont plus rares qu'autrefois. Il y a sous ce rapport de l'amélioration. Certains propriétaires ont réparé, assaini, désinfecté plusieurs maisons, ravalé les façades, repeint les volets et ne louent qu'à bon escient. Les maisons proprettes appellent les ménages ordonnés. Le nombre croit, de jour en jour, des bons travailleurs, ouvriers d'usine ou autres, maçons, menuisiers, peintres, exacts aux heures réglementaires. Les femmes s'emploient à faire des ménages, des savonnages, des lessives. On les voit remonter du lavoir de la rue de Buc pliant sous le poids de hottes chargées de linge mouillé. On pourrait citer certains ménages comme des modèles d'ordre et de conduite. Ils tiennent à faire honneur à leurs affaires, à élever honnêtement leur petite famille. Quelques-uns, à force d'économie, deviennent propriétaires de la maison qu'ils habitent et ont à cœur de la bien tenir, de la rendre plus agréable et plus confortable. Quand l'ouvrier possède une maison et un jardin, il est généralement sauvé du cabaret.

La rue n'a pas gagné seulement en moralité, elle a bénéficié aussi des progrès réalisés au cours du siècle dernier dans les questions de voirie et d'hygiène. L'eau, cette base essentielle de la santé publique, lui manquait. Les cataractes que le ciel lui envoyait les jours d'orage étaient les seuls lavages qu'elle connût. Aujourd'hui deux bornes-fontaines répondent à tous les besoins et maintiennent la rue dans un état de propreté relatif. De plus, la Ville distribue, aux propriétaires abonnés, le filon qu'elle a capté aux Chesneaux, auquel se joindra bientôt l'appoint des eaux de Vincelles et de Courteau. Le pavage a été rectifié ; une chaussée en dos d'âne remplace l'unique ruisseau qui dévalait jadis au milieu de la rue, et une canalisation récemment établie conduit les eaux ménagères aux égoûts.

Sans doute la déclivité du sol rend l'ascension difficile aux voitures et pénible aux piétons. Ce sera toujours l'irrémédiable défaut de cette voie, mais il a bien ses compensations. L'altitude du quartier en garantit la salubrité. Sa situation abritée des vents du nord par le château, son orientation sud-est, en font un sanatorium apprécié des valétudinaires. Les cas de longévité y sont fréquents. Je n'en veux pour preuve que le tableau ci-dessous qui a son éloquence : l'éloquence des chiffres (1). Le doyen de la rue est présentement notre digne collègue M. Larangot, ancien cultivateur à la

---

(1) *Tableau des octogénaires et nonagenaires décédés rue du Château, au cours du siècle dernier, que nous avons personnellement connus :*

Marie-Auxiliatrice Defontinelle, veuve Mézières : 24 sept. 1859 — 91 ans 1/2.
Mère Riquet — 91 ans.
Dugied : 10 mars 1869 — 91 ans.
Catherine Levoirier, veuve de Boussois : 19 avril 1878 — 88 ans.
Charlotte-Françoise Levoirier, veuve Guichard : 10 oct. 1878 — 89 ans.
Madame veuve Thuillot, née de Marle : 4 janvier 1860 — 89 ans 1/2.
Denisart (Michel-Marie) : 2 nov. 1875 — 88 ans.
Abbé Magniant : 21 mars 1872 — 85 ans.
Antoine-Jules Romet : 12 déc. 1866 — 84e année.
Commandant Tribert — 88 ans.
Quiret (Antoine-Joseph-Daniel(: 1857 — âgé de 90 ans.
Mme veuve Tribert, née Roger — 86 ans.
Chotard (Jean-François) : mort le 8 sept. 1861, dans sa 89e année.

ferme de Coupigny, ancien maire de Montlevon, qui a 88 ans sonnés.

La porte Saint-Pierre est le point terminus de la rue du Château. Ce coin, un peu à l'écart des habitations, devait à cette circonstance d'être assez mal famé. Il est aujourd'hui méconnaissable. Les trois maisons qui composent ce petit groupe sont tombées aux mains de propriétaires séduits par le caractère pittoresque de l'endroit, qui les ont arrangées selon leur goût, les habitent et s'y plaisent. Ce ne sont maintenant que gaies claires-voies, riantes verdures, parterres fleuris, rosiers grimpants. Tout cela contribue à embellir les entours de la porte Saint-Jean, et l'on doit s'en féliciter pour le bon renom de notre ville, car c'est par là que passent tous les visiteurs du château et aussi la population indigène, les jours où nos jeunes et zélés amateurs organisent des fêtes de charité dans cet incomparable théâtre de verdure qu'est notre vieux château.

C'est aussi devant la porte Saint-Jean que mettent pied à terre les touristes venus en autos par la rue de Fère comme le recommande le poteau indicateur. Nous les engageons à tenir compte de l'avis, car à vouloir gravir la rue du Château, on risque de rester en panne à moitié chemin, comme cela est arrivé déjà sous les yeux des habitants goguenards. Pauvre rue ! Elle a contre elle les chauffeurs qui l'envoient à tous les diables. Décidément, elle n'est pas dans le mouvement. Elle ne vit plus que par ses souvenirs, tels ces bouquets de fleurs desséchées qui n'ont de charme que pour les dévôts du passé.

II

Les Numéros impairs

La rue du Château commence à la place du Marché. Avant que l'ouverture de la rue Vallé, en 1846, eût un peu élargi ladite place, la rue prenait naissance à un passage voûté qui donnait accès à la ruelle de la Cour Roger. Cette voussure coupait en deux la pharmacie Lhermitte qui avait sa boutique à droite, sur la place, et l'officine à gauche ; ce qui obligeait à traverser constamment le passage pour aller de l'une à l'autre. Velain, successeur de Lhermitte, se transporta un peu plus loin à droite de la maison Dudrumet (1), et le laboratoire fut occupé par la mère Tellier, revendeuse. Cette officine était enclavée dans la grande maison portant le n° 1. Cette maison à porte cochère comportait un corps de logis sur la rue, un autre corps de logis au fond d'une cour, avec deux ailes en retour. Villacrose, avoué, l'avait achetée en 1808 des héritiers Philippes de Moucheton et revendue en 1838

(1) Les successeurs de Velain : Coutelet-Moyat, Détiaque et Lelarge occupent aujourd'hui la maison en coin de la rue du Pont.

à Mᵉ Tirrion, notaire, qui loua le corps de logis sur la rue à Mᵉ Bahu, avoué.

Lorsqu'on perça la rue Vallé, les nécessités de l'alignement supprimèrent les études et cabinets de ces deux officiers ministériels et les chassèrent du quartier (1). L'immeuble ainsi amputé devint la propriété de M. Delaître, marchand de grains. Il forme maintenant deux maisons indépendantes l'une de l'autre ayant une entrée commune rue Vallé, et c'est aujourd'hui la maison de M. Guériot qui porte le n° 1.

Cette maison et la suivante, accrues de quelques moindres propriétés contiguës, furent longtemps enchevêtrées les unes dans les autres. Tantôt réunies, tantôt séparées, elles ont eu des destins très compliqués. Claude Leblanc, ancien prévost de Château-Thierry, en habitait une partie dans la première moitié du xviiiᵉ siècle. Il la vend en 1735 à Philippes, sieur des Petits-Monts, seigneur d'Étampes et autres lieux, tige des Philippes de Moucheton. Nous y trouvons, en 1772, Claude Aubry, époux de Marguerite-Chauvet, procureur ès sièges royaux, puis agent municipal sous la Révolution. Cet Aubry-Chauvet acheta en 1808, à Michel-Félix Philippes de Moucheton de Gerbrois et à son beau-frère, Georges-André d'Oberlin de Mittersbach, colonel de cavalerie (régiment d'Esterhazy), inspecteur aux revues, la partie de l'immeuble qui leur appartenait indivisément et réunit les maisons nᵒˢ 1, 3 et 5 actuels. La façade des maisons 3 et 5 n'offrait pas alors le développement qu'elle présente aujourd'hui. C'est le fils d'Aubry-Chauvet, Jean-Claude-François Aubry, ancien lieutenant de gendarmerie, qui prolongea cette façade à gauche en achetant une petite propriété de moindre importance intercalée entre les immeubles numérotés maintenant 5 et 7, appartenant à Mᵉ Dalican, avoué.

(1) Mᵉ Dupuis, successeur de Mᵉ Thirion, alla s'installer rue Saint-Crépin, dans la demeure de son beau-père Houdouart (ancien couvent des Minimes), et Mᵉ Bahu, dans la maison qu'il acheta, rue Saint-Martin, n° 12.

L'ancien lieutenant de gendarmerie était un vieillard de haute stature, bon homme au fond sous ses allures de vieux grognard. On le voyait tous les matins, fumant sa pipe, debout, sur le seuil de sa porte. Il avait trois filles élégantes, distinguées, qui donnaient le ton dans la société d'alors.

L'aînée épousa M⁰ Chartier, notaire, successeur de Nérat de Lesguisé ; une autre, épousa M. de Péronne, contrôleur des contributions. Ces deux ménages étaient logés dans l'immeuble paternel, le premier sur la rue, le second dans le corps de logis du fond qu'habite actuellement M. Guériot. La troisième fille du père Aubry devint la femme de Charles Dieu, greffier du Tribunal civil (1).

La partie de la maison qu'avait occupée l'étude Chartier (n° 3 actuel) devint en 1852 la propriété du Dʳ Drouet, et passa à sa fille, femme du Dʳ Lacaze, qui fut maire de la ville de 1881 à 1883. M. Aubry mourut en 1854. Sa veuve vendit la maison en 1856 à M⁰ Bourguin, notaire, qui avait repris en 1846 l'étude vacante de feu Hatrel (2). Bourguin n'exerça pas longtemps. Il céda son étude à M⁰ Guériot en 1857, lui vendit sa maison en 1865, et s'en fut à Paris où son fils, Victor-Maurice Bourguin, né rue du Château, est aujourd'hui professeur d'économie politique et de législation rurale à la Faculté de droit (3). M⁰ Guériot céda à son tour à M⁰ Butel et consacra ses loisirs aux affaires de l'administration municipale. Il fut maire de Château-Thierry du 17 mai 1896 au 29 avril 1901. Sa sage et prudente administration remit l'ordre dans les finances et la paix dans les esprits. Des raisons de santé, malheureusement trop fondées, l'empê-

---

(1) Le lieutenant de gendarmerie avait un frère qui était juge au Tribunal civil de Château-Thierry. Il habitait rue du Grenier à Sel et mourut jeune en 1835.

(2) Bourguin qui avait acheté son étude en 1846, l'avait provisoirement installée Grande-Rue.

(3) Maurice Bourgoin est mort, jeune encore, le 27 janvier 1910, à Versailles où il avait son domicile, rue Maurepas, n° 21.

chèrent d'accepter le renouvellement de son mandat, et il emporta, dans sa retraite, les regrets et l'estime de ses concitoyens.

*
* *

Au n° 7, qui a son entrée dans l'impasse nommée cour Gallet, résidait la veuve Thuillot, ancienne marchande de draps et rouenneries. Cette maison avait appartenu successivement à un abbé Berthault, qui la vendit en 1767 à Mme veuve Fournier, née Chastellain. Elle passa ensuite à Mme Louise Salmon, veuve Lenoble, puis à MM. Sifflet-Dulubre, ancien capitaine de cavalerie, propriétaire indivis avec le vicomte Mathieu de Graimbert (du chef de sa femme née Oudan) à qui la veuve Thuillot, l'acheta le 26 janvier 1815.

Mme Thuillot avait deux filles. L'une épousa Me Laurent, avoué à Compiègne, originaire de notre pays ; l'autre épousa Me Vieillard, avoué à Soissons. La fille de ce dernier devint la femme de M. Alphonse Barbet, notaire à Braisne. Après cession de son étude, celui-ci vint se fixer dans notre ville, prit une part active à la fondation de notre Société à laquelle il fournit de nombreux et intéressants travaux. Il en fut le président depuis 1887 jusqu'à sa mort, en 1893.

Je vois encore Mme Thuillot, cette petite rentière toute ratatinée, mais alerte, trottinant menu, prompte à la riposte, l'œil vif sous son serre-tête et son bonnet à la vieille ruché et tuyauté. Elle me traitait en enfant gâté, trouvant toujours pour son petit voisin, au fond de sa poche, ou dans un tiroir de son secrétaire, quelque dragée oubliée d'un lointain baptême. Dans mes notions confuses concernant l'espace et la durée, elle m'apparaissait comme une arrière-grand'tante dont l'âge se perdait dans la nuit des temps. Elle avait une vieille bonne en bonnet rond, à la paysanne, toute dévouée à sa maîtresse, qu'on appelait « la blonde » par antiphrase, car elle avait la peau noire comme un corbeau. Toutes deux vivaient avec une extrême parcimonie dans cette grande maison triste et glaciale dont aucune pièce n'était de niveau. On ne saurait imaginer distribution plus incohérente. Un long couloir coupé de marches et de paliers conduisait, de la porte d'entrée, en contre-bas, à la salle donnant sur la rue où la bonne femme tricotait près de la fenêtre, sur une sorte d'estrade qui l'exhaussait pour mieux voir les passants, ce qui est la principale distraction du bourgeois de province.

A l'autre extrémité du couloir se trouvait le salon, qui servait de serre, car Mme Thuillot aimait les fleurs. L'été venu, elle sortait lauriers, grenadiers, orangers et les disposait le long d'une bande de terrain pavé qui menait au jardin dont le sol était en contrebas d'une dizaine de marches. Au fond du jardin, certain pavillon que, selon l'hygiène du temps, on tenait le plus loin possible de l'habitation. Il était tapissé de graves effigies d'ancêtres. O ! ironique destinée des portraits de famille ! car ce pouvait être en effet des portraits de famille. Peu s'en fallait que la veuve Thuillot, née Catherine-Victoire de Marle, ne descendît des Croisades. Nous trouvons, vers la fin du XIVe siècle, un Jean le Coigne de Marle, seigneur de Versigny, conseiller au Parlement ; un Henri le Coigne de Marle, chancelier de France en 1414 ; un de Marle est évêque de Coutances à la même époque ; un autre, président au Parlement en 1450 ; un autre encore prévôt des marchands à Paris en 1588 ; mais la bonne femme ne songeait guère à tirer vanité de ses quartiers de noblesse (1). Elle ne sortait de chez elle que le dimanche, pour aller à la messe à la chapelle de l'Hôtel-Dieu, portant sa chaise sous le bras et sa chaufferette à la main, comme faisaient alors toutes les commères du quar-

____

(1) Au cours des travaux qu'il fit exécuter dans sa maison de la « Chancellerie », M. Mayeux découvrit des fragments d'une pierre tombale sur lesquels il déchiffra cette inscription : *Ci-gist Mme Anne de Marle, jadis très digne abesse de céans, la quelle après une vie exemplaire trépassa, l'an de grâce 1620, deuxième jour de febvrier* (Bulletin de la *Société Historique et Archéologique de Château-Thierry*, année 1873). Quel monastère représente le mot céans ? Que ce soit le couvent de la Barre tout proche ou un autre, cette abbesse est certainement une ancêtre de Mme Thuillot-

tier. Il y avait, comme je l'ai dit, si loin de la porte de la maison à la salle où elle se tenait, que, pour ne déranger personne, je n'entrais jamais chez elle que par la fenêtre et prenais congé par le même chemin.

Je m'aperçois, tout confus, qu'entraîné par mes souvenirs, j'évoque des impressions d'enfance susceptibles d'effaroucher la Muse sévère de l'Histoire, mais la Chronique, plus indulgente, admettra, j'espère, ces familiarités, et ces notations de choses vues, vécues, m'aideront à donner plus de relief aux originales figures qu'il me reste à peindre.

D'après le plan cadastral de 1824 conservé à l'Hôtel-de-Ville, le notaire Nusse avait son étude au fond de l'impasse Gallet, dans la maison n° 9 (1), où résident aujourd'hui les frères Maréchal, agents d'affaires. Mᵉ Nusse se transporta plus tard rue de la Halle, place du Marché, où nous avons connu ses successeurs : Mᵐˢ Marie, Maillard, Poirier et Paillard, dans les premières années de son exercice. Le n° 9 de la cour Gallet devint la propriété de M. Quiret, qui avait commencé sa carrière dans les consulats et fut retraité sous-chef de division au ministère des Affaires étrangères. C'était un homme poli, lettré, sortant peu, partageant ses loisirs entre ses livres et son jardin. Grand joueur de trictrac, — je ne dis pas beau joueur, — car il était très irascible dans la déveine et découragea souvent, par ses sorties déplacées, les voisins de bonne volonté qui venaient, toutes les après-midi, faire la partie avec lui. Sans doute il courait le lendemain s'excuser des vivacités qui lui avaient échappé ; mais je sais plus d'un de ses complaisants partenaires qui renoncèrent à s'y exposer de nouveau.

Veuf et sans enfants, — (il avait perdu sa femme, née Marguerite-Elisabeth Souchet, au choléra de 1832), — il avait à son service deux domestiques, Rose Guyot, dite « la Rose », et Pauline. Elles étaient aux petits soins pour lui. Ce digne

---

(1) Sur ce plan de 1824, le côté droit de la rue, affecté présentement aux numéros impairs, porte les numéros pairs.

vieillard, né à Paris en 1767, mourut le 1ᵉʳ septembre 1857 à l'âge de 90 ans.

Je me trouvais précisément à Château-Thierry lorsqu'on vendit le mobilier du défunt qui, datant de l'époque Louis XVI et de l'Empire, atteindrait aujourd'hui des prix élevés. Entre autres menus objets, j'avais remarqué d'anciennes faïences que je convoitais ardemment. Quand on étala sur la table le lot fascinateur composé d'un sucrier en verre de Bohême, d'une paire de jardinières du plus fin Strasbourg, d'un sucrier et son plateau, d'une saucière, de deux compotiers de même fabrication avec trois petites tasses du Japon comme appoint, je perdis tout sang-froid, et au lieu de me contenter d'un petit signe discret au crieur, je lançai maladroitement une enchère qui attira sur moi l'attention de la galerie et risquait de me susciter des concurrents. J'étais si ému, j'avais si peur que le lot m'échappât que je crois bien avoir enchéri sur moi-même. Il me fut adjugé pour la somme de... huit francs. J'allai en plusieurs voyages, sous les yeux d'un public amusé et narquois, déposer mes bibelots sur l'appui de la fenêtre d'où ma mère assistait aux péripéties de la vente. On me crut fou de payer si cher de vieux tessons que les rieurs d'antan me disputeraient aujourd'hui avec acharnement.

Je ne fus pas aussi heureux avec deux petites eaux fortes de Rembrandt, en leurs cadres anciens, que je guettais également. J'avais fait confidence de mon désir aux bonnes Rose et Pauline : mais elles eurent l'imprudence d'en parler au notaire qui, prétextant de l'inconvenance des sujets, mit tout bonnement les deux petits cadres dans sa poche, au nom de la morale. C'est ce que, dans le langage de la basoche, on appelle « la cote G ». Les braves filles restèrent stupéfaites de cet escamotage désinvolte. « Si nous avions su, disaient-elles, nous vous les aurions données... » Regrets tardifs ; le tour était joué.

Notre excellent collègue et ami, M. G. Pommier, me signala, un jour, deux portraits au crayon, assez curieux, qu'il avait vus dans le pavillon du gardien du château et que celui-ci déclarait être ceux de M. et Mme Quiret. « Vous qui les avez sans doute connus, ajouta-t-il un peu sceptique, vous pourrez juger si l'affirmation du père Jourdain est fondée. » J'y fus et reconnus aussitôt M. Quiret à son nez, long, effilé, qui était le trait caractéristique de son visage. Plus de doute, par conséquent, sur l'identification de ces deux profils.

Exécutés au crayon noir avivé de quelques touches de sanguine et de blanc, ils sont d'un dessin pur mais un peu sec, selon le gout du temps. Comme je m'enquerais d'où et comment ils étaient venus là : « Avez vous connu Rose, la domestique de M. Quiret, qui est restée 40 ans à son service ? -- Parfaitement... — Eh bien ! c'était ma tante et c'est d'elle que je les tiens. Les nièces de M. Quiret, Mmes Rottier et Robin les lui donnèrent en souvenir de son attachement à son vieux maître. »

Il est heureux que la Rose ait eu un neveu à qui les transmettre, sans cela ces portraits fûssent tombés à la boutique du revèndeur, cette fosse commune des souvenirs.

Après la mort de M. Quiret et de Mme Thuillot, Mme Lacaze acheta les deux maisons, agrandit son jardin aux dépens des leurs, ne laissa au n° 9 qu'un étroit parterre pour en faciliter la location et disposa le n° 7 en logements ouvriers.

Jusque vers la fin du xviie siècle la cour Gallet aboutissait au chemin de ronde des remparts. Lorsque la ville fut désaffectée comme place de guerre. la bande de terrain, sorte de chemin banal qui régnait le long des courtines, ne fut plus d'aucune utilité au point de vue militaire. Il était de plus assez mal fréquenté. M. de Stouppe, le généreux bienfaiteur de l'Hôtel-Dieu, obtint du roi l'autorisation de réunir cette bande de terrain aux jardins de l'hospice sous la condition de prendre en charge l'entretien des murailles. Plusieurs propriétaires voisins suivirent son exemple. Cette opération enleva une partie de sa raison d'être à la ruelle Gallet, sur le sol de laquelle se créèrent des jardins et s'éleva plus tard la maison Quiret.

*
* *

Nous voici arrivé à l'Hôtel-Dieu. Nous n'avons à nous occuper que des bâtiments en bordure sur la rue tels qu'ils existaient avant la reconstruction récente (1). Vis-à-vis la maison n° 16 actuel, une porte cochère flanquée à droite de la loge du concierge, à gauche, des bureaux du receveur et de l'économe, donnait accès dans une première cour. C'est par là que passaient les civières qui amenaient les malades et les docteurs attachés à l'établissement. Un passage voûté pratiqué dans l'aile gauche de ce quadrilatère, conduisait à une seconde cour. On y accédait aussi de la rue par une grande porte réservée aux administrateurs, aux fournisseurs et aux personnes qui avaient à faire à la communauté des dames de Saint-Augustin.

Dans l'intervalle de ces deux entrées principales, une petite porte particulière menait au logement de l'aumônier situé au premier étage. C'est cette partie de l'établissement orientée sur la rue, la moins favorisée sous le rapport de la vue et du soleil qu'habitaient pendant leurs séjours à Château-Thierry M. et Mᵐᵉ de Stouppe. Ces bâtiments disparurent en 1876 pour faire place au square de verdure qui dégage et aère actuellement le nouvel édifice, et à la grille qui joint les deux ailes en retour du monument. Puis vient la chapelle qui a sa façade sur la rue et son développement latéral sur la cour. A la suite, c'est la porte particulière de la communauté qui mène au parloir, aux sacristies, au chœur des dames et généralement à tous les bâtiments anciens affectés depuis l'origine aux besoins des religieuses.

La chapelle actuelle a été érigée vers la fin du xvii° siècle,

____

(1) Voir au Bulletin de la *Société Historique et Archéologique de Château-Thierry* (année 1896) notre article : *L'Hôtel-Dieu de Château-Thierry : Jadis et aujourd'hui.*

à la place du sanctuaire primitif dont on voit encore dans une cour intérieure quelques massives substructions. Elle est lambrissée de boiseries de l'époque, d'une belle patine et pourvue d'ornements sacerdotaux d'une grande richesse (1). Les vieilles familles du quartier la tiennent en grande vénération en souvenir des ancêtres qui ont prié là, espéré, appelé sur leur descendance les grâces d'en haut. Elle a été, il y a quelque vingt ans, l'objet d'un nettoyage général. Cette opération a été décidée par la Commission administrative à l'occasion de la pose du maître autel acheté avec les fonds légués à cet effet par Mme Sainte-Hélène, qui remplit pendant trente ans les délicates fonctions de Supérieure avec une douceur, une fermeté et un tact parfaits (2). La pieuse testatrice attestait ainsi le double culte auquel elle avait voué sa vie : Dieu et sa communauté. L'aumônier, M. l'abbé Bauchart, actuellement doyen de Charly, fut chargé de l'acquisition de l'autel. Il s'adressa à une maison bien connue du quartier Saint-Sulpice, et je ne doute pas qu'il ait choisi le meilleur parmi les modèles qu'on lui fît voir, tous ou presque tous du style roman ou pseudo-roman qui prévaut aujourd'hui, comme sévissait il y a cinquante ans le style gothique. C'est « ce qui se fait » à l'heure présente. Il n'y a pas à sortir de là, et voilà comment nous avons un autel du xie au milieu de boiseries du xviie.

L'ancien autel a été placé dans la chapelle funéraire, de forme ronde, érigée en 1694 par M. de Stouppe, pour déférer au désir de Mme de Stouppe d'être inhumée dans la maison à laquelle elle était si profondément attachée (3). Cet autel

(1) Voir notre brochure : *Le Trésor de l'Hôtel-Dieu*, extraite du Bulletin de la *Société Historique et Archéologique de Château-Thierry*, année 1895.

(2) Mme Sainte-Hélène a fait profession le 14 novembre 1853. Nommée supérieure en 1860, elle est morte le 23 Décembre 1890. L'autel qu'elle a donné comme souvenir à sa communauté a été inauguré le 24 septembre 1891.

(3) M. de Stouppe mourut en 1701, âgé de 80 ans. Son corps repose auprès de celui de sa digne épouse, sous le sol de la chapelle.

complète, avec les lambris finement sculptés qui l'entourent, avec les châsses et reliquaires exposés sous la table consacrée, avec le mausolée des Stoppa, avec sa magnifique grille en fer forgé et doré, un ensemble d'une harmonie et d'un goût irréprochables. Cette chapelle mérite à elle seule la visite des touristes qui savent apprécier les belles choses.

Il me reste une dernière observation à présenter à propos des récentes réparations qui ont un peu rajeuni, rafraîchi l'aspect général. Le dallage défectueux de l'allée centrale de la nef a été remplacé par un pavage en céramique du Nord (Lille ou Maubeuge) qui constitue un anachronisme fâcheux, et, circonstance aggravante, le dessin en est des plus insignifiants. On dirait un linoleum. Pourquoi pas tout simplement des dalles en damier noires et blanches, conformément au caractère de l'époque?

La chapelle a sa façade sur la rue. Son portail est flanqué de deux pavillons en avant-corps, coiffés d'un fronton circulaire, qui se relient à la partie centrale au moyen d'une courbe ornée de deux niches. Les vantaux de la porte sont surmontés d'une imposte cintrée avec, en son milieu, un motif sculpté formant pendentif. Au-dessus de la porte, une large baie, aux coins supérieurs arrondis, éclaire la tribune et le vaisseau de la chapelle. Un fronton triangulaire, dont les corniches ont dû être réparées à diverses époques, couronne l'édifice. L'ensemble de cette façade est de proportions heureuses dans sa simplicité. La nudité des murs est corrigée par l'emploi de bandeaux d'un relief léger et de pierres en saillie, avec refends à chaque assise, qui renforcent les angles du bâtiment, encadrent les baies. Un cordon de fleurs et fruits, délicatement fouillé, orne l'extrados du cintre de la porte dont l'intrados est décoré de caissons : têtes d'anges ou fleurons alternés. Un palier obvie à la déclivité du sol de la rue et rétablit le niveau sur le parvis.

Les gamins du voisinage font de ce parvis le théâtre de leurs jeux. Leur sport favori consiste à se hisser jusque dans les niches destinées par définition à des hôtes plus vénérables. Cet exercice constamment répété ne laisse pas de détériorer les murs et d'effriter les arêtes des moulures. Ce qui est plus grave encore : les polissons, pour s'aider à escalader la tablette de la niche, dégradent la muraille, font des trous dans les pierres afin d'y poser le pied ; et il n'est personne, parmi ceux dont ce serait le devoir de réprimer ces coupables espiègleries, qui ne semble fermer les yeux pour n'avoir pas à intervenir.

Une petite rue, appelée rue de Büe, longe à droite les bâtiments de la chapelle et de la communauté. Elle descend, par une pente assez rapide, à un lavoir couvert qu'alimente un volume d'eau très abondant, eau de bonne qualité pour la table. Ce lavoir est très apprécié des lessiveuses qui sont là chez elles, à l'abri des fâcheux, au fond de ce cul de sac dominé par de puissantes murailles contemporaines des remparts qui soutiennent les terrasses supérieures. Cette voie se prolongeait autrefois jusqu'à la cour Gallet ; mais l'hospice en s'annexant le chemin de ronde, comme nous l'avons vu plus haut, en a fait une impasse ; une occasion s'était offerte il y a quelque trente ans de la rouvrir jusqu'à la rue de Fère. Une propriétaire du quartier, Mme Charmois, consentait à céder à la Ville, pour un prix minime, le terrain nécessaire pour établir cette communication. Une pétition fut adressée à cet effet à la Municipalité ; mais la commission administrative de l'hospice qui comptait plusieurs conseillers municipaux combattit la pétition et s'adjugea exclusivement le passage. L'hospice n'y gagnait pas grand'chose ; mais le quartier y perdait les avantages qu'il eût tirés de ce dégagement.

A la suite de la maison qui fait le coin de la rue de Büe, à gauche, ce sont des bâtiments creux : hangars, écuries dépendant des immeubles 13 et 17 de la rue du Château.

Avant 1849, l'impasse s'arrêtait moins brusquement qu'aujourd'hui parce qu'elle donnait accès à deux petites habitations qui existaient au-delà de la clôture actuelle. L'une appartenait à un sieur Bourdin, tisserand ; l'autre à Lécuit, cordonnier et crieur public ; Mme veuve Hatrel mère acheta ces deux bicoques en 1849 et les réunit à sa propriété ainsi que la portion de ruelle qui menait jusqu'à leur seuil.

Lécuit, qui avait à se pourvoir d'un domicile, obtint le poste de concierge du Collège et l'occupa longtemps. Il jouissait, comme crieur aux ventes mobilières, d'une réputation méritée. Il avait le don d'amuser la galerie par des saillies originales qui ne blessaient personne, réveillaient l'attention et fouettaient les enchères. Il connaissait à fond son public et tutoyait tous les habitués de ces sortes de réunions ; mais sa verve savait s'arrêter dans les limites des convenances. Le père Lécuit cria ses dernières ventes sous le commissariat de M° Rollet. Il a eu des remplaçants au gosier solide qui ne l'ont pas fait oublier. Il tenait, et s'en montrait fier, le chapeau chinois dans la musique de la Garde Nationale.

Le nom de la rue de Büe se trouve écrit de différentes façons dans les ouvrages ou actes notariés qui nous ont passé sous les yeux. C'est l'orthographe, adoptée par l'abbé Hébert, que nous avons choisie comme la seule rationnelle ; Büe venant du vieux mot français « buer », qui se disait pour « faire la lessive », et de « buerie », synonyme désuet de buanderie.

La maison n° 13 qui fait le coin de la rue de Büe appartint de 1820 à 1845 environ à l'huissier Toudouze. Plusieurs propriétaires s'y succédèrent ensuite qui en firent une maison de rapport.

Les n°^s 17 et 19 ne formaient originairement qu'un seul et même immeuble appartenant au comte Gilles-François de Grimbert, officier des armées du roi, lieutenant des maréchaux de France (grade dans la maréchaussée), seigneur de Belleau. Il l'avait acheté en 1786 à Louis Genée de Brochot, procureur général du Roi aux réquisitions. Il fut envoyé en

1789 à l'assemblée des États-Généraux comme député de la noblesse. La tournure que prirent les événements le décidèrent à quitter la France avec sa famille. Sa maison fut vendue, comme bien d'émigré, le 4 avril 1794, par les administrateurs du district au citoyen Dupuis de Beaumont qui la rétrocéda à Mme de Graimbert, née le Moigne de Reuve, dont le mari n'était pas encore rentré de l'émigration. Mme de Graimbert ne survécut pas longtemps aux orages de la Révolution. Son mari, retiré au petit domaine des Etolins, près Chézy-sur-Marne, se remaria avec Louise-Adélaïde-Anne-Marie de Mornay d'Hangest. Il mourut aux Etolins, le 27 mars 1823. Sa seconde femme décéda le 11 janvier 1844, dans sa 76e année. Elle a été inhumée dans le cimetière de Château-Thierry.

Tant que vécut le comte Gilles de Graimbert de Belleau, ses maisons, n{os} 15, 17 et 19, furent louées à divers : le n° 19, à Mlle Oudan de Blanzy, parente par alliance des Graimbert ; et le n° 17, en 1811, à M. Pierre-François Sutil, président du Tribunal civil, par bail de trois, six ou neuf années ; et, en 1821, à M. Imbart de Bourdillon, avec la clause résolutoire de style dans les baux de fonctionnaires, sans indiquer la nature des fonctions que le preneur remplissait. Mais, après le décès de leur père, les enfants, co-héritiers indivis, vendent la petite maison n° 15 à Madeleine Levasseur et, le 20 février 1824, les n{os} 17 et 19 à Antoine-Gabriel de Boussois, notaire. Nous avons relevé sur l'acte les noms et qualités des vendeurs. C'est d'abord l'aîné des quatre frères, Mathieu de Graimbert, chevalier des ordres royaux et militaires de Saint-Louis et de la Légion d'honneur, chef de bataillon en non-activité, qui relève le titre de comte et réside à Paris avec sa femme, née Oudan. Le second, Louis-Dominique, baron de Graimbert, vécut à Carslruhe. Il y épousa Amélie de Budberg et mourut en 1815 à Mannhein. Il eut une fille en 1804, Sophie de Graimbert, qui devint la femme du baron Paul de Hahn, conseiller d'Etat de l'empire de Russie. Le troisième, Charles de Graimbert, se fixa à Heidelberg. Notre collègue, M. Deraine, a

consacré d'intéressantes pages (1) à cet enfant de Château-
Thierry qui s'éprit des ruines d'Heidelberg, veilla sur elles,
les dessina, les popularisa par la gravure et les sauva d'une
destruction totale. Le dernier, Philbert-Jean de Graimbert
d'Haqueville, chevalier de Saint-Louis, ancien officier d'infanterie, résida tantôt aux Etolins, tantôt rue du Château,
n° 34, où il mourut le 15 janvier 1859, âgé de 80 ans. Il repose
dans le cimetière de la ville, à côté de sa belle-mère, la comtesse de Graimbert d'Hangest.

Antoine-Gabriel de Boussois reprit en 1815 l'étude de son
père, Antoine-Nicolas de Boussois, qui se trouvait rue de la
Halle (actuellement place du Marché), dans la maison de Mme
veuve Delorme. Quand il eut pris possession de sa nouvelle
demeure, rue du Château, il y ramena cartons, dossiers et minutes, et les locaux tout aménagés de la rue de la Halle furent
repris par Me Nusse, domicilié jusque-là rue du Château,
n° 9. De Boussois installa ses clercs et son cabinet à droite de
la porte-cochère. Ces deux pièces ont disparu depuis. La
porte s'étant trouvée enterrée par l'exhaussement de la chaussée, on fut obligé de la déplacer et de la descendre quelques
mètres plus bas pour la mettre de niveau avec la rue. C'est le
propriétaire actuel, Cochard, qui a opéré cette nécessaire
modification. Signalons en passant les vantaux en chêne de
cette porte massive, renforcée de panneaux cloutés, du temps
de Louis XIII et qui a conservé les solides ferrures de l'époque.

De Boussois fils n'exerça pas longtemps. Il passa la main
en 1831 à son neveu Doviller. Il eut donc jeune encore des

(1) *Au Pays de Jean de La Fontaine*, par Emile Deraine, 1 vol. in-8°
extrait des Annales de la *Société historique et archéologique de Château-
Thierry*. Paris, Alph. Picard et fils, 1909.

loisirs. Il sut les occuper. Il enfourcha des « dadas » variés dont le principal fut la peinture. Il se pourrait même qu'il ait cédé sitôt son étude pour s'y livrer librement. Il peignit donc d'instinct, au petit bonheur, à la diable, des prés d'un vert crû, des arbres bleu de prusse, des vaches rouges qui enfonçaient jusqu'au poitrail dans des pâturages si plantureux que cela évitait de leur faire des jambes. Il ne regarda jamais la nature. Elle eût troublé son imperturbable sérénité. Il se contentait de copier, en les agrandissant, des vignettes du Magasin pittoresque qu'il embellissait d'une polychromie de son invention. Sa maison était encombrée de ses productions depuis le vestibule jusqu'au grenier. Un jour, pour me récompenser sans doute d'avoir été sage, mon père me mena voir le Musée de Boussois et je restai ébloui, émerveillé devant ces enluminures cacophoniques. C'est la première impression d'art (?) dont je me souvienne. Si vif que soit le goût de l'enfant pour les formes et les couleurs, c'est toujours par l'imagerie d'Epinal qu'il commence.

On ne s'étonnera pas, après cela, que le papa de Boussois abattît parfois ses deux tableaux par jour. Il s'en vantait ingénument, prenant pour de la facilité ce qui n'était que de l'incontinence. Le hasard se chargea de lui faire voir la différence qu'il y a entre peindre et barbouiller. Il ne comprit pas la leçon.

Certain jour qu'il passait sur le chemin de ronde du château, il avisa un bonhomme à cheveux blancs qui peignait la tour Saint-Crépin, avec les fonds de Courteau à l'horizon et, en premier plan, le chemin planté d'acacias dominé par les vieux murs du château. L'artiste scrutait d'un œil pénétrant le grand modèle jusque dans ses nuances les plus délicates, posant sans hâte une touche raisonnée. Frappé de cette lenteur, le père de Boussois s'éloigna convaincu qu'il avait affaire à une mazette. « Le malheureux, disait-il, si c'est pour vivre qu'il travaille, je le plains. Il ne doit pas dîner tous les jours... »

Le malheureux, c'était Corot! Le maître était venu, en

effet, à Château-Thierry, à l'occasion du mariage de son neveu Chamouillé avec Mlle Salleron. Il fut, pendant un certain temps, l'hôte de Mme Salleron Charpentier, chez qui il revint plusieurs fois. Le père de Boussois sut donc bientôt le nom du malheureux qu'il avait pris en pitié. Mais ne croyez pas que l'aventure l'ait amené à récipiscence, car il n'en disait pas moins à qui voulait l'entendre : « Ce Corot, à qui l'on fait une si grande réputation, il travaille avec une maladresse et une difficulté singulières ».

Le brave homme affectait d'employer certains termes techniques pour en imposer aux profanes : le flou, le brio, la morbidesse, le feuillé, les fabriques, etc. Il me prit un jour au dépourvu — il y a bien longtemps de cela — en me parlant du peintre Caresme, alors que je ne connaissais encore que le carême des abstinences et de la morue (1).

Resté fidèle aux peintres de sa génération, comme aux modes de sa jeunesse — il portait des anneaux d'or aux oreilles — il était sans pitié pour l'école qui suivit. Parlant d'un de nos jeunes maîtres contemporains : « quelque talent, d'accord ; mais, ajouta-t-il avec une prudhomesque emphase, il ne sait pas la myologie... »

Il est plus d'un maître, et des plus grands, qui ne l'ont pas sue, la myologie.

Pour peu qu'on ait dépassé la soixantaine, on a pu connaître et l'on ne saurait oublier ce vieillard alerte et souriant, au teint frais et rose, aux petits yeux clairs et vifs, toujours content de soi et de belle humeur, épanoui dans la joie de vivre. Il savait combiner, selon les lois de l'hygiène, son amour de la peinture avec des sports moins sédentaires, la chasse, l'équitation qui maintenaient sa santé en parfait équilibre. Il se créait aussi des vide-bouteilles, plus ou moins distants de la ville, qui faisaient un but à ses promenades.

(1) Caresme (Philippe), peintre d'histoire et de genre, élève de Charles-Antoine Coypel, né à Paris le 25 février 1754, mort en cette ville le 1er mars 1796.

C'est ainsi qu'il acheta le petit domaine du Val-Secret. Il y traça une sorte de parc avec une « allée de ceinture » dont il était très fier et donna des « garden-parties » auxquelles il conviait la société de la ville.

Il était beau cavalier. Il s'engagea un jour de marché, avec sa jument Cocotte, à travers les rangs des marchandes, pour choisir un melon, — ce en quoi il prétendait se connaître mieux que personne.

Il avait dû sans doute obéir, comme tant d'autres, à une réquisition des dernières années de l'Empire et passer quelques mois dans un dépôt. Il n'en fallait pas plus pour qu'il se crût soldat, comme il s'était cru peintre, et pour jouer au militaire, il jurait et sacrait comme un grenadier de la vieille garde, sauf à s'en excuser : — « Que voulez-vous ? l'habitude des camps... »

Dans une discussion qui montait à un diapason un peu élevé, il lança à son adversaire cette apostrophe digne des preux : — « Je ne vous crains pas, monsieur, ni à pied ni à cheval... »

Tel était l'honnête M. de Boussois dont les propos épiques amusaient la ville. On lui passait les fantaisies les plus saugrenues parce qu'elles étaient inoffensives et qu'il était toujours naïvement sincère et convaincu.

M. de Boussois avait le goût des vieux tableaux. Il possédait dans son salon quelques bonnes toiles, entre autres un portrait de femme de Raoux (1), une marine de Van Goyen, des chocs de cavalerie du Bourguignon, etc. Ils furent vendus par sa veuve, née Catherine Levoirier, ainsi qu'un lot de 300 de ses tableautins dont un juif de passage nommé Bloch lui donna 300 francs.

*
* *

---

(1) Ce tableau a été acheté par M. Albert Paisant, alors juge à Château-Thierry, aujourd'hui président honoraire du tribunal de Senlis.

Revenons à nos dossiers. Nous avons vu que la petite maison n° 15 avait appartenu au comte de Graimbert, et qu'après sa mort, ses enfants la vendirent à Madeleine Levasseur, ancienne religieuse rejetée dans le monde par les laïcisateurs d'alors. Sa sœur, Sophie Levasseur, femme Balthazard, en hérita et M. de Boussois l'acheta aux époux Balthazard en 1842. Il la mit en communication avec la sienne, et y logea Alexis Ban, son fidèle domestique, et sa femme. Alexis l'acheta plus tard des héritiers de Boussois et son fils l'habite actuellement.

Venons maintenant à la maison n° 19. M. de Boussois qui, comme nous l'avons vu, en est propriétaire, la vend, le 28 juin 1828, à M. Dru, ingénieur des ponts et chaussées, en y joignant une cave qui régnait sous sa propre maison. M. Dru mourut quelque temps après. Mme et Mlle Dru continuèrent à l'occuper.

De Mme Dru, cette maison passa à Mlle Célinie Mézières, sœur de l'abbé Mézières, curé de Brasles et aumônier de la Charité. Après le décès de ce digne prêtre, plusieurs dames de la ville, à la tête desquelles était Mme Bénard, unirent leurs efforts et leurs démarches pour faire venir à Château-Thierry des religieuses gardes-malades que les habitants appelaient de tous leurs vœux. Elles achetèrent, à cet effet, la maison de Mlle Mézières (1) et des sœurs de la Compassion, envoyées de la maison-mère de Domfront (Oise), y entrèrent en septembre 1879. Elles quittèrent, en 1885, la rue du Château où elles se trouvaient trop à l'étroit, pour aller rue Jean de Fontaine (2).

Ponsin, le charcutier de la rue du Pont, acheta la maison

---

(1) Mlle Mézières finit ses jours dame pensionnaire à la maison hospitalière de la Charité.

(2) Les sœurs gardes-malades quittèrent la rue Jean de La Fontaine, en 1896, pour la rue Saint-Martin et occupent, depuis 1903, la vaste maison de la rue Saint-Crépin, ancien couvent des Minimes, que Mme de Chauvenet, née de Gerbrois, a généreusement mise à leur disposition.

après le départ des gardes-malades, y installa sa mère, et entra en possession des caves, doubles en profondeur, qu'il convoitait depuis longtemps à cause de leurs propriétés frigorifiques favorables à la conservation de ses viandes et salaisons. Il est bon de noter, à ce propos, que plusieurs caves de la rue sont remarquables par leur belle construction et leurs vastes proportions qui ne sont pas toujours en rapport avec les immeubles dont elles dépendent. On suppose que certaines d'entre elles correspondaient autrefois et devaient servir à la défense de la forteresse comme moyen de ravitaillement ou pour faciliter les mouvements stratégiques de la garnison.

M. de Boussois mourut le 7 janvier 1871 au milieu de catastrophes qui durent porter un rude coup à son inaltérable optimisme. Sa veuve lui survécut sept ans, étant décédée le 16 octobre 1878. La maison fut vendue, par adjudication, le 18 décembre de la même année, à la requête des héritiers de Boussois et Levoirier. Elle fut adjugée à M. Cochard, maçon, qui habite le rez-de-chaussée et a loué les locaux du premier étage. Une épicerie est installée dans les anciennes cuisines agrandies par suite du déplacement de la porte cochère mentionné plus haut.

Le n° 21 fut longtemps la demeure d'une ancienne et très honorable famille du pays, la famille Hatrel. Charles Hatrel, premier du nom, était greffier en l'élection de Château-Thierry. Nous l'appellerons Hatrel de Laulne (du nom de sa femme Louise-Françoise de Laulne) pour éviter des confusions, la plupart des Hatrel ayant porté le même prénom de Charles. Le greffier acquiert, le 11 mai 1726, par acte devant Mᵉ Charbonnier, notaire, des dames abbesse et religieuses du couvent de la Barre, la maison qui confine au n° 23, à la charge, en sus du prix stipulé, des cens et droits seigneuriaux envers lesdits seigneurs et surcens au sieur Brayer, seigneur du petit Aigremont (1). Le 2 mai 1733, il achète la maison de

____

(1) Petit fief voisin du village de Blesmes.

Michel Jandon, tonnelier, contiguë au n° 19. Il réunit les deux maisons et les terrasses et constitue la propriété à peu près telle qu'elle est aujourd'hui.

Le Greffier dut avoir deux fils. L'un, Charles-Nicolas Hatrel, reprend en 1761 l'étude de M° Carrier, notaire. Il la cède en 1805 à son neveu Hatrel-Jeannel. La famille de celui-ci s'accroît assez rapidement. Il a un fils, deux filles qui moururent jeunes en 1815 et 1816, et sa belle-sœur, Mlle Nicole Jeannel, originaire de Montmirail, vient habiter avec eux. La maison devient insuffisante et pour disposer des locaux où fonctionne l'étude, Hatrel-Jeannel l'établit dans la maison d'en face, n° 44. Hatrel-Parent, son fils, lui succède en novembre 1832. Après avoir exercé pendant plusieurs années dans la même maison, il transfert l'étude au carrefour Jean La Fontaine. Il y mourut en 1846 jeune encore, et sa femme, née Claire-Ernestine Parent, le suit de près dans la tombe, laissant deux fils mineurs, Charles et Ernest Hatrel. Frappés de ces décès précipités, les pauvres orphelins s'imaginèrent que les fatalités de l'atavisme pesaient sur eux — il y avait déjà des précédents inquiétants dans la famille. Quand il eut atteint sa majorité, le plus jeune des deux, Ernest, de santé frêle, s'en fut à la côte d'azur, à Cannes, où, à force de soins et de précautions, il prolongea sa vie au-delà de la durée moyenne. Charles, l'aîné, plus robuste, habita encore par intermittences la maison patrimoniale confiée à la garde des époux Boursier, ses domestiques ; mais quand il eut vendu les biens paternels et réglé ses affaires, il alla rejoindre son frère et se fixa à Saint-Raphaël. C'est un solide septuagénaire.

M. et Mme Charmois achetèrent la maison Hatrel en l'étude de M° Guériot, par acte du 14 août 1876. Elle passa en 1880, à M. Savet, déjà malade, qui n'en prit pas possession. Après l'avoir louée pendant plusieurs années, Mme veuve Savet la revendit en 1896 à M. Marchand, ancien libraire. (1)

(1) Ce digne et honnête homme est mort le 13 février 1910, âgé de 78 ans, très vigoureux encore et très actif. Enlevé en quelques jours à l'affection des siens, il emporte les regrets et l'estime de tous ceux qui l'ont connu.

M. J. Tanevot des Essarts et Julie Jeannel, son épouse, achètent la maison n° 23 en 1830. Ils la revendent en 1835 à Mme Hilaire Nérisson, veuve en premières noces d'un M. Moutardier. Celle-ci décède en 1844 laissant l'usufruit de sa maison à son mari. A la mort de ce dernier, en 1849, le fils du premier mariage de Mme Nérisson, Antoine-Florentin Moutardier, major de cavalerie en retraite, officier de la Légion d'honneur, vint l'habiter. Il meurt le 12 mai 1851 célibataire et institue les pauvres de la ville ses légataires universels par testament du 23 avril 1851 ; mais cette donation était grevée de legs particuliers qui menaçaient d'absorber l'actif de la succession au cas où le produit du mobilier et le prix de la maison du défunt n'atteindraient pas l'évaluation qui en avait été faite. Dans ces conditions, le Bureau de Bienfaisance hésitait à accepter, et la Préfecture ajournait son autorisation. C'est alors que le Bureau de Bienfaisance et la Commission administrative des hospices imaginèrent une combinaison qui obtint l'approbation préfectorale. La Commission des Hospices se rendit adjudicataire, le 16 juillet 1852, de la maison, mise à prix 5.000 francs, moyennant une enchère de cinquante francs. Cela conciliait tous les intérêts, assurait leur part aux pauvres de la ville et, aux aumôniers des hospices incommodément logés jusqu'alors au-dessus de la chambre d'ensevelissement, une habitation aérée, saine et confortable. Ce fut M. l'abbé Bahin qui inaugura la nouvelle aumônerie, — pas pour longtemps, car il fut nommé en 1855 curé de Frière-Falouel, canton de Chauny, puis doyen du Catelet et de Marle, avant de revenir, comme archiprêtre, à Château-Thierry, son poste de début. (1.)

La maison n° 25 pourrait tirer son nom de la plus notable

---

(1) L'abbé Bahin avait succédé à l'aumônerie de l'hospice à l'abbé Lecomte, et eut pour successeurs : l'abbé Magniant (1854-1872), l'abbé Lefébure (1872-1879), l'abbé Jovenay (1879-1883), l'abbé Gaudion (1883-1886), l'abbé Bauchart (1886-1903), et présentement l'abbé Hochet, ancien curé de Leschelle, canton du Nouvion.

des familles qui la possédèrent, et s'appeler la maison Tribert. Les titres ne nous apprennent rien d'intéressant sur les propriétaires qui se la sont transmise presque sans la connaître, l'ayant reçue en héritage et pressés de s'en débarrasser. Je ne ferai d'exception que pour M. et Mme Mary qui l'habitèrent depuis le jour où ils l'acquirent en 1820 jusqu'à leur mort en 1840. Leur fils, Edme-Remy Mary, domicilié à Brasles, la vendit la même année à Etienne-François-Mathieu Tribert de Septmonts, capitaine d'infanterie en retraite, et à Mme Pauline-Angélique Roger, son épouse (1).

La maison est toujours restée depuis lors dans la même famille. Elle appartient aujourd'hui à Mme veuve Souliac, née Tribert. M. Amédée Souliac, son mari, fut receveur des hospices, conseiller municipal, membre de la commission administrative des hospices, président de la Société de secours mutuels « La Familiale », trésorier de l'Association des anciens élèves du Collège. Il a rempli ces divers emplois ou mandats avec zèle et dévouement. Il appartenait à une vieille famille du pays et le nom de Souliac a mérité dans plus d'une circonstance de figurer dans les annales de notre cité.

Une ruelle parallèle à celle du Cadran conduisait autrefois comme celle-ci au chemin de ronde du rempart. Elle longeait la face est de la maison n° 25 et passait sous l'extrémité ouest de la maison n° 27 qui formait voûte au-dessus d'elle. Elle perdit sa raison d'être, quand on abandonna le terrain du chemin de ronde supprimé aux propriétaires riverains dont les jardins arrivèrent alors jusqu'à la courtine, et elle s'est trouvée réunie de fait à la propriété n° 25.

Le n° 27 offre assez exactement l'aspect d'un hôtel bourgeois du xviiie siècle. Une porte-cochère ferme, sur la rue,

---

(1) Le capitaine était fils de M. Tribert, président du Tribunal Civil de Château-Thierry. Il avait un frère, élève de l'Ecole Polytechnique, qui fut capitaine d'état-major d'artillerie et vint, après sa mise à la retraite, finir ses jours rue du Château. Ils eurent trois sœurs qui moururent filles.

une cour au fond de laquelle un perron d'un beau développement mène à l'huis de la maison. Dans le coin gauche de cette cour, derrière un puits d'un âge respectable, une porte de plus modeste apparence donne entrée à la maison n° 29.

La plus ancienne pièce de notre dossier concernant ce dernier immeuble date du 17 février 1604. C'est un extrait de l'expédition d'une sentence de la Prévôté de Chaûry, sur décret de saisie réelle, poursuivie par Jean de La Fontaine, marchand, demeurant à Chaûry, sur François Martin, marchand, demeurant au village de La Croix, d'une maison dont la désignation se rapporte exactement à la nôtre, tenant « d'un bout, par devant à la rue du Chatel, d'autre, par derrière, jettant sur les remparts de la ville ».

Je cite cette pièce parce que j'y rencontre le nom de Jean de La Fontaine, mais il s'agit ici d'un oncle du fabuliste. Il devint propriétaire de la maison en vertu d'un acte de procédure introduit pour la sûreté de ses intérêts et il n'est pas probable qu'il l'ait habitée.

Sur les deux maisons, 27 et 29, plane le souvenir d'une

famille qui s'est distinguée dans les carrières les plus diverses et dont le nom est étroitement lié à notre histoire locale. C'est la famille Sutil, qui a donné à notre pays des magistrats, des militaires, des savants, des ingénieurs, un médecin, un religieux Prémontré de Val-Secret, le R. P. Sutil, dernier prieur chapelain de l'église Notre-Dame du Château.

François Sutil, avocat au Parlement, substitut des gens du Roy ès juridictions royales, paraît être le chef de la dynastie des Sutil. Nous le voyons acheter, en 1730, d'Augustin Demolard, seigneur de Givray, et de sa femme, Henriette Josse de Bressay, les deux maisons 27 et 29. Elles étaient loin de présenter alors l'aspect que nous leur voyons aujourd'hui et c'est François Sutil qui les a, en tout ou en partie, reconstruites et transformées.

Louis-Nicolas Sutil fut, comme le précédent, avocat et substitut des gens du Roy dans la juridiction de Château-Thierry. Il fut nommé, le 10 mars 1789, par ses concitoyens, député suppléant du tiers aux États-Généraux. Louis-Nicolas mourut le 30 ventôse, an premier de la République. Il était le fils de François, né du premier mariage de celui-ci.

François eut plusieurs fils et sans doute quelques neveux. Pierre-François Sutil fut le premier en date des présidents du Tribunal réorganisé de Château-Thierry. Claude-Henri Sutil, un neveu, je crois, receveur d'Enregistrement à Gray, eut un fils qui devint président du Tribunal de Rodez, et Louis-Henri Sutil, ingénieur des ponts et chaussées du département de la Mayenne.

François eut aussi des filles et, sans doute, des nièces. Marie-Louise Sutil épousa Claude Lomet, sous-inspecteur des ponts et chaussées de la Généralité de Paris, puis ingénieur en chef de la Généralité d'Auvergne ; une autre, Marie-Louise-Catherine, épousa Cassian-Barthélemy Muguet, officier de santé ; une troisième, Madeleine-Françoise Sutil, vécut célibataire.

Claude Lomet eut un fils, Antoine-François Lomet, qui naquit rue du Château, le 6 novembre 1759. Ce fut l'homme éminent de la famille. Ingénieur des ponts et chaussées, professeur à l'École Polytechnique récemment fondée, il servit en Espagne, gagna le grade de colonel de la Grande Armée, fut créé baron par l'Empereur, écrivit des ouvrages très appréciés sur les baraquements militaires, sur les établissements thermaux des Pyrénées, sur la construction des théâtres, etc., devint gouverneur de Braunau, sur l'Inn, et fut l'importateur de la lithographie en France. S'étant rendu compte du procédé qu'employait Senefelder pour copier sa musique, il l'appliqua à la reproduction de dessins sur pierre, et exécuta lui-même un premier specimen qu'il offrit à la Bibliothèque royale. Il mourut à Paris en 1826. (1)

Lors des partages qui suivirent le décès de François Sutil, les deux maisons furent séparées. La maison n° 27 fut attribuée à Cassian-Barthélemy Muguet, gendre du *de cujus*, et le corps de logis supérieur n° 29 devint la propriété de Madeleine-Françoise Sutil. Elle ne l'habita pas longtemps, et pour suivre son frère cadet, Louis-Henry Sutil, nommé ingénieur du département de l'Yonne et, quelques années après, de la Mayenne, elle vendit sa maison en 1802 à Henri Sifflet du Lubre, ancien capitaine d'artillerie. Celui-ci la transmit à Leduc d'Eptesson, receveur des finances, le 22 mai 1808. S'étant fixé à Paris, après sa mise à la retraite, Leduc d'Eptesson céda sa maison à son successeur Emmanuel le Gentil, marquis de Paroy, par acte du 16 février 1829, lequel la revend le 23 octobre de la même année à M. et Mme Cazin, batteurs d'or à Paris, retirés en notre ville. Cazin meurt en 1832 laissant une fille mineure sous la tutelle légale de la veuve Cazin, sa

---

(1) Voir *Biographie du baron Lomet des Foucaux* (du nom d'une propriété voisine de Moulins, où Claude Lomet, ingénieur en retraite. père du baron, mourut le 30 janvier 1785). Cette notice est due à M Maurice Véchembre. inspecteur des Arts et Manufactures, à Bordeaux, arrière-petit-fils de Lomet du côté maternel. Agen, 1909.

Voir également l'intéressante étude de M. Lucien Briet, intitulée : *Ramond et Lomet*, publiée au Bulletin de la *Société Historique et Archéologique de Château-Thierry* ; année 1908.

mère, et Gabriel Henriet, juge au tribunal civil de Château-Thierry, se rend adjudicataire de la maison le 12 mai 1839. Après le décès de M. Gabriel Henriet, la maison reste dans l'indivision entre les enfants jusqu'au jugement du tribunal civil du 8 août 1874 qui l'adjuge à sa fille, Mme Marie Henriet.

Quant à la maison n° 27, louée à M. Gobert, elle resta dans la famille Sutil jusqu'au décès de ce parfait locataire. Mlle Alice Sutil, fille du président du tribunal de Rodez, dont il a été question plus haut, cousine et héritière des vénérables demoiselles Sophie et Aspasie Sutil, nous en consentit la vente en 1896. Les n°s 27 et 29 n'eurent plus qu'un seul propriétaire, mais, sauf la cour restée commune, les deux maisons sont absolument indépendantes l'une de l'autre et les nombreuses servitudes qui pesaient sur elles, notamment sur le n° 29, à cause des murs, terrasses, cellier et tour, sont désormais éteintes.

Les maisons n°s 15, 21, 27, 29 et 31 obtinrent en 1798 que la commune leur cédât par bail emphytéotique, moyennant quatre sols la perche, la portion de terrain marécageux des anciens fossés correspondant à leur jardin, à la condition de la cultiver. Cela procura à quelques-unes de ces propriétés une issue sur le chemin de la Barre. Ce bail fut converti en 1813 en vente définitive.

L'auberge du Cadran occupait le n° 31 actuel. Le départ du duc de Bouillon et le désarroi qu'il jeta dans le quartier firent momentanément le vide dans l'établissement. Peu à peu, une nouvelle couche de clients remplaça les anciens. Aux heures sinistres de l'Histoire, comme aux jours des « Te Deum » d'allégresse, après le sac d'un château, comme à la suite d'une victoire remportée sur l'ennemi, il faut boire. Jacobins et sans-culottes ne s'en firent pas faute ; d'autant mieux que le salut de la République les appelait fréquemment dans le voisinage du Cadran ; car on avait fait du vaste bâtiment inutilisé, contigu à la maison des Courtils, une prison où l'on incarcérait tous les suspects désignés par les délégués d'alors, et l'auberge du Cadran devenait, pour ces argousins, un centre, un poste d'observation d'où ils surveillaient, en trinquant, les alentours.

En 1798, nous voyons le sieur Lemaire, qualifié traiteur, prendre à bail emphythéotique la partie des fossés qui se trouve au bas de son jardin, et, d'après le plan cadastral de 1824, Mme veuve Lemaire est encore indiquée comme propriétaire de la maison n° 31 et aussi de la maison située en face de la sienne, affectée sans doute aux services annexes de l'auberge. Dans un acte notarié qui a passé sous nos yeux, figure un sieur Lemaire, traiteur, domicilié Grande-Rue. Est-ce le même ? Exploitait-il en même temps les deux établissements ? Encore un point d'interrogation qui reste sans réponse. Il est à croire toutefois que les époux Lemaire furent les derniers tenanciers du Cadran, et, qu'après eux, l'auberge fut convertie en habitation bourgeoise. En quelles mains passa la maison avant l'acquisition qu'en fit en 1847 M. Jacquinet que nous retrouverons bientôt au n° 70, c'est ce que je ne saurais préciser. Nous nous rappelons seulement y avoir vu, comme locataires, la famille Mézières, le commandant Tribert, officier d'artillerie d'état-major, sorti de l'Ecole polytechnique, M. Gravet, ingénieur hydrographe. En 1889, les héritiers de Mme veuve Jacquinet la vendirent à M. Riboulot, ancien chef de bureau au Service central de la Compagnie des Chemins de fer de l'Est. Celui-ci n'eut pas la joie d'y entrer. Il mourut au cours des travaux qu'il y faisait exécuter. Mme veuve Riboulot l'habite présentement.

Fièrement planté sur le sommet de la montagne, un vaste hôtel d'allure seigneuriale commande la rue et domine la ville. Sa façade orientale, sur les jardins, est masquée par des arbres séculaires dont beaucoup tomberont bientôt sous la cognée ; mais le côté ouest du bâtiment, bien dégagé de ces frondaisons, se marie si heureusement à la silhouette générale du paysage qu'elle en semble un des éléments caractéristiques et nécessaires.

Les documents qui pourraient nous éclairer sur l'origine de la propriété manquent absolument. M. le comte de Rilly, propriétaire actuel, n'a trouvé dans les papiers de Mme de Jocas que des dossiers incomplets dont maintes pièces ont été égarées, détruites peut-être dans le drame épouvantable dont la maison a été le théâtre en 1895. En attendant qu'il les ait reconstitués, nous ne savons rien des hôtes primitifs de cette solennelle demeure avant les premières années du XVIIIe siècle. Elle devint alors la propriété de Charles de La Fontaine, le fils du fabuliste. Encore sommes-nous réduit à des dates approximatives appuyées sur des probabilités. Charles de La Fontaine naquit en 1653. Il fit de bonnes études dirigées par son parrain Maucroix. Il aurait été protégé par le premier président du Parlement de Paris, du Harlay qui, dit l'abbé Poquet, aurait fait de lui un de ses secrétaires. Selon Adry, Charles de La Fontaine aurait obtenu, vers 1700, un emploi dans les Aides à Château-Thierry, ce qui peut, à la rigueur, se concilier avec la version de l'abbé Poquet. Il épousa à Paris, en 1706, Jeanne-Françoise du Tremblay, dont le frère, Pierre-Louis du Tremblay, était receveur des gabelles à Château-Thierry. C'est très vraisemblablement à l'occasion de son mariage, et grâce à ce mariage, qu'il acheta la maison de la rue du Château. Quatre enfants naquirent de cette union, un fils et trois filles qui vécurent célibataires. Charles de La Fontaine mourut en 1722 ou 1723, et il y a tout lieu de croire que ses héritiers ne tardèrent pas à vendre une propriété que l'état précaire de leur fortune ne leur permettait pas de conserver. Où la veuve et ses trois filles allèrent-elles habiter en quittant la rue du Château ? une lettre adressée en 1758, à Fréron, par l'aînée, Marie-Jeanne-Guillaume, répond catégoriquement à cette question : « Nous sommes trois sœurs, dit-elle, qui vivons avec notre mère dans la même maison qu'occupait notre grand-père ».

Or, comme leur grand-père, après la vente de sa maison en 1676, n'en avait — et pour cause — acheté aucune autre ; que, lorsqu'il venait à Château-Thierry, il logeait au château « où sa femme paraît avoir séjourné jusqu'à son décès, 9 novembre 1709 » (Abbé Poquet ; tome II, page 105), il en résulte que la maison désignée dans la lettre à Fréron n'est et ne peut être que la maison natale du fabuliste où ses petites-filles furent heureuses de trouver à se loger, à titre de locataires sans doute, et comme parentes des Pintrel. J'imagine même que la correspondante de Fréron dut éprouver une certaine satisfaction à déclarer qu'elle et ses sœurs sont rentrées dans cette maison ancestrale où elles se croient un peu chez elles.

L'hôtel de la rue du Château passa-t-il directement à la famille d'Oberlin de Mittersbach ? Cela nous paraît probable. Georges-André d'Oberlin de Mittersbach, colonel de cavalerie au régiment des hussards Esterhazy, était « inspecteur aux revues » et, à raison de ces dernières fonctions, domicilié à Paris. Nous voyons qu'il avait aussi une résidence dans notre ville où, en qualité de « grand bailli d'épée », il a présidé la séance préparatoire à l'élection du représentant de la noblese à l'Assemblée nationale de 1789. J'ajouterai qu'il était premier surveillant de la loge « La vraye Espérance » de l'Orient de Château-Thierry autorisée en 1785.

En quelle année les des Courtils succédèrent-ils aux Oberlin ? nous ne saurions le dire au juste. A peine les avaient-ils remplacés que Didier-Robert des Courtils, chevalier de Saint-Louis, ancien lieutenant-colonel d'infanterie, prit le chemin de l'émigration. L'abbé Hébert nous apprend, tome II, page 393, que la citoyenne des Courtils, née du Hald, « s'est divorcée en 1793, mais seulement pour conserver son bien à son mari émigré », et non pour convoler comme firent plusieurs femmes de l'époque, et des plus qualifiées. Mme des Courtils usa du divorce comme d'une mesure conservatoire et les ex-époux se remarièrent de nouveau devant l'officier de l'état-civil. Charles-Didier des Courtils, leur fils, eut trois enfants : l'abbé des Courtils, décédé curé-doyen de Nanterre, la comtesse de Jocas et la comtesse de Ladevèze. A la mort de Mme des Courtils, leur mère, M. et Mme de Ladevèze vinrent habiter la maison.

M. Raoul de Clerc, comte de Ladevèze, né à Condé-en-Brie le 17 janvier 1809, ancien officier, était un homme poli, réservé, peu en dehors, et, pour cette raison, peu connu de ses concitoyens. Il était conseiller général du canton de Condé et commandant de la Garde Nationale de Château-Thierry lorsque la Révolution de 1848 vint le tirer tout à coup de l'ombre discrète où il s'était tenu jusque-là. La loi électorale du 15 mars 1849, édictée par l'Assemblée constituante, fixa les élections législatives au dimanche 11 mai. La période électorale s'ouvrit aussitôt et l'on tint dans l'église Saint-Crépin une réunion préparatoire à l'élection d'un député. On en donna la présidence au comte de Ladevèze qui prit, avec ses assesseurs, possession du banc d'œuvres. Bien des énormités tombèrent ce jour-là du haut de la chaire transformée en tribune. L'Assemblée était houleuse, flottante. M. de Ladevèze, avec une autorité qu'on ne soupçonnait pas, sut apaiser le tumulte, réprimer les violences, diriger les débats, rappeler les orateurs aux convenances, avec un tact, un sang-froid, une fermeté qui furent, pour tout le monde, une révélation ; si bien qu'en se réveillant le lendemain, les habitants purent lire sur tous les murs ces mots : « Ladevèze pour député » qu'une main inconnue avait charbonnés pendant la nuit. M. de Ladevèze était-il étranger à la manœuvre ? Je le crois ; il en profita toutefois, fut élu et siégea au centre droit. Le Coup d'État du deux Décembre le rendit à la vie privée.

Des incompatibilités d'humeur, qui s'accentuèrent avec les années, amenèrent M. et Mme de Ladevèze à renoncer à la vie commune. M. de Ladevèze se retira dans sa ferme de l'Épine-aux-Bois, près de Condé, et la comtesse continua d'habiter dans la maison patrimoniale. Elle se plongea alors dans un isolement qui la conduisit promptement à la plus noire hypocondrie. Bientôt, elle ne sortit plus de chez elle, ni même de l'unique chambre où elle s'enfermait, laissant tout à l'abandon : jardins et bâtiments, se refusant à tous travaux d'entretien ou de réparation si urgents qu'ils fûssent. Tant et si bien qu'un jour tout un pan de mur de la courtine du rempart s'écroula avec un fracas formidable, ouvrant une large brèche par laquelle eûssent glissé les terres du jardin supérieur si un inextricable tissu de racines ne les avait retenues.

Les deux mégères qui se succédèrent auprès d'elles encourageaient plutôt cette manie de sequestration qui réduisait d'autant leur service. Aussi, ouvraient-elles la porte de la plus mauvaise grâce du monde, de peur qu'on ne s'aperçut de l'état de malpropreté dans lequel elles laissaient la maison. Je réussis pourtant à y pénétrer. Voici à quelle occasion. M'étant chargé de recueillir, chez tous les propriétaires du quartier, des promesses d'abonnement aux eaux que la Municipalité s'engageait à nous donner si le nombre des adhésions devait couvrir les frais d'adduction, je crus devoir me présenter chez Mme de Ladevèze. Elle me refusa carrément sa signature ; après quoi la comtesse reparut, me questionnant sur ce qui pouvait m'intéresser, s'informant de tous les miens avec une mémoire, une lucidité qui m'étonnèrent. Je la quittai touché de l'effort qu'elle avait fait pour se montrer affable et bienveillante, et navré en même temps de ce que j'avais vu et deviné ; aussi, me représentai-je, avec une plus poignante intensité, l'horreur de son agonie, lorsque j'appris que le 14 février 1895 la malheureuse femme avait péri brûlée dans un fouillis de vêtements, de paperasses jetés en désordre sur tous les meubles, que la moindre étincelle devait enflammer. Quand la justice se transporta sur le théâtre de l'événement, on trouva par terre, sur les tables et les fauteuils, des billets de banque, des sous, des louis d'or, auprès desquels la pauvre comtesse vivait misérablement. Encore que Mme de Ladevèze fut un peu oubliée au fond de sa retraite, sa fin tragique causa une émotion profonde par toute la ville.

La sœur de Mme de Ladevèze, Mme la comtesse de Jocas,

hérita de l'hôtel ; mais, très âgée elle-même, elle s'en désintéressa complètement. Ce fut alors le vide absolu, la ruine définitive. De mauvais drôles flairent un coup à faire. Ils franchissent, par une sombre nuit de l'hiver de 1900, le mur, à demi-écroulé qui longe le chemin de la Barre, s'introduisent dans la tour, gagnent la maison dont ils font sauter les serrures. Les voilà dans la place Ils fouillent tiroirs et placards, visitent la cave d'où ils remontent force bouteilles cachetées que l'on boit en se donnant rendez-vous pour le lendemain. On reçoit, on amène des amis ; à la suite de ces agapes, chacun emporte le butin qui lui agrée, à telles enseignes qu'une des habituées de ces médianoches alla au mariage d'un de ces chevaliers de la cambriole avec une robe de soie et un mantelet de dentelles de la comtesse.

> Mais quelqu'un troubla la fête,
> Pendant qu''ils étaient en train.

Ce fut le commissaire de police. On avait vu, une certaine nuit, filtrer un filet de lumière à travers un contrevent mal joint. Cela donna l'éveil et toute la bande fut prise dans un coup de filet. L'affaire, instruite à Château-Thierry, finit en cour d'assises par la condamnation des coupables (1). J'ai honte à le dire : la rue du Château avait fourni son contingent à cette criminelle expédition.

Mme de Jocas légua la maison à un neveu de son mari, le comte de Rilly, qui se propose de remettre la propriété en état sans en altérer le caractère, Nous ne pouvions rien souhaiter de mieux de la part de notre nouveau collègue (2). C'est de l'archéologie en action. Le quartier en bénéficiera.

A la suite de cette « grosse maison », comme on appelle la demeure la plus importante d'un pays après le château, s'élève

(1) Cour d'Assises de l'Aisne du 8 Avril 1901 ; vols qualifiés commis en 1900.

(2) M. le comte de Rilly fait partie de la *Société Historique et Archéologique de Château-Thierry* depuis le mois de novembre 1909.

un vaste bâtiment percé de baies à croisées de pierre, bouchées en partie, dénaturées pour la plupart, aux moulures effritées. Il remonte à la fin du xve siècle à en juger par les vestiges d'une niche couronnée d'un dais de style flamboyant. Cette niche surmonte le pied droit central d'une porte géminée, aveuglée depuis longtemps. A gauche de cette niche une haute porte charretière, de date relativement récente, dégage les communs de la maison. Quelle était autrefois la destination de cet édifice ? Etait-il une dépendance du château ou une annexe militaire des fortifications ? un magasin d'approvisionnements, un poste où l'on tenait, en temps de siège, des soldats en réserve à proximité des remparts et de la porte Saint-Pierre ? une ambulance placée sous l'invocation de la Sainte-Vierge ? Nous ne pouvons qu'énumérer ces diverses hypothèses. S'il y avait eu là un oratoire, une chapelle, il en serait resté quelque trace écrite et les dignes abbés Hébert et Poquet n'auraient pas manqué d'en faire mention. Or, ils se bornent à dire que cette bâtisse servit de prison politique sous la Terreur. On avait également improvisé des geôles et des cachots à la Charité et à la Madeleine. Voilà bien des prisons pour inaugurer l'ère de la liberté !

Et maintenant, à quelle époque ce bâtiment a-t-il été annexé à l'hôtel voisin ? S'il était une dépendance des fortifications, il a pu lui être attribué lorsque, en 1694, Louis XIV abandonna aux riverains les portions de remparts, chemin de ronde et fossés afférents à leurs immeubles. Si dépendance du château, en quelle année les ducs de Bouillon l'ont-ils aliéné ou loué aux propriétaires de l'hôtel, qui, dans ce dernier cas, n'en seraient devenus propriétaires qu'en vertu du décret impérial de 1813 déjà cité et dont nous reparlerons plus loin ?

Appuyés à ce bâtiment, dont les origines sont encore pour nous un mystère, viennent la maison, la cour fleurie et le jardin du papa Jourdain, — je ne dis pas *Monsieur Jourdain*, pour éviter toute confusion avec le type immortalisé par Molière, — ce qui serait d'autant plus regrettable que notre brave Jourdain sait ce que c'est que la prose et connait la manière de s'en servir : son titre de vice-président de la Société des Sauveteurs de l'Aisne, président de la section de Château-Thierry, l'appelant souvent à palabrer sur la tombe des sociétaires décédés. Jourdain est le plus médaillé de nos concitoyens. Il était hier encore le gardien de notre vieux château. Il a démissionné pour raison d'âge et c'est son voisin d'en face, M. Mercier, qui est maintenant titulaire de cet emploi.

III

Les Numéros pairs

La porte Saint-Pierre est la seule qui existe encore des quatre portes qui donnaient accès dans la ville. Ce petit fortin, flanqué de deux tours, relié au château par un ouvrage avancé, figuré et décrit par M. Pommier (*Nos Vieux Murs*, page 56), a conservé à peu près intact son aspect extérieur ; mais l'intérieur a subi de notables modifications quand il devint propriété privée.

Dès 1809, le Gouvernement impérial manifesta l'intention d'aliéner le château et ses dépendances. L'édilité s'émut de ces projets et adressa une supplique au Gouvernement pour solliciter l'abandon à la Ville du château et de ses dépendances en compensation des dettes contractées vis-à-vis d'elle par les ducs de Bouillon. Cette requête figure sur le registre des délibérations du Conseil municipal de l'année 1809. Elle fut l'objet d'un examen sérieux de l'administration supérieure qui finit par y faire droit. Le décret impérial du 10 avril 1813 donna satisfaction à la commune sous certaines clauses et conditions dont, par parenthèse, il n'a jamais été tenu compte.

La porte Saint-Pierre faisait partie des dépendances du château visées par le décret. La Ville en prit donc possession. Pendant des années, elle loua les locaux tels quels à des pauvres gens qui payaient difficilement ou déménageaient à la cloche de bois. Elle jugea plus avantageux de s'en défaire et la vendit à un sieur Vignard qui l'acheta dans l'intention bien naturelle d'en tirer rapport et l'aménagea en conséquence. Ces travaux ne pouvaient manquer de dénaturer le caractère de cette construction militaire. Ce qu'elle présentait de plus remarquable consistait en deux corps de garde, sis au rez-de-chaussée, voûtés en arcs d'ogive d'un effet très pittoresque. La voûte du corps de garde de gauche a été coupée très probablement par le propriétaire primitif qui habitait de ce côté et louait le surplus. Le corps de garde de droite a été plus longtemps respecté. Je l'ai vu encore en parfait état entre les années 1875 et 1880 — je ne saurais préciser davantage. J'ai voulu le visiter à nouveau à l'occasion du présent travail, et j'ai constaté avec peine qu'il a également disparu. On voit encore la naissance des voussures et les consoles d'où elles s'élançaient, comme d'irrécusables témoins de ce qui existait auparavant. C'est pour obtenir des parquets de même niveau dans toute l'étendue du premier étage qu'on a opéré ces mutilations, et il y a tout lieu de croire que le voûtin de droite a été sacrifié lorsque feu le Dr Hivet établit, Porte Saint-Pierre, une clinique reprise depuis par M. le Dr Henri Petit.

Il nous reste maintenant à regagner notre point de départ, la place du Marché. Nous descendrons la rue plus vite que nous ne l'avons montée. Les maisons y sont plus nombreuses, plus serrées, mais beaucoup n'ont pas d'histoire. Elles ont d'ailleurs, presque toutes, des caractères communs que nous avons exposés en notre chapitre premier ; nous n'y reviendrons pas. La population qui les habite est peu stable, et les particuliers qui achètent ces maisons à titre de placement ne tiennent certainement pas à ce que nous les nommions. Nous ne nous arrêterons donc qu'à celles qui offrent quelqu'intérêt historique ou anecdotique.

Le n° 70 nous retiendra assez longtemps. Victor Jacquinet l'acheta en 1847 en même temps que la maison n° 31 qui lui fait face. Ces deux immeubles appartenaient au même propriétaire et étaient en quelque sorte inséparables à raison de l'eau qui sourdait abondamment dans le sous-sol du n° 70 et alimentait de là le fonds inférieur n° 31.

Ne pouvant, par un sentiment de délicatesse qui l'honore et que nous dirons plus loin, entrer de suite en possession de celle des deux maisons qui l'avait séduit, il fit reconstruire entièrement le n° 70 qui n'était point logeable dans l'état où il l'avait trouvé.

Victor Jacquinet était peintre d'histoire et de portraits. Il vint en notre ville en 1846 pour y remplacer le paysagiste Solvet, décédé, et y vivre de ses leçons. Nourri de fortes études classiques, initié aux méthodes d'enseignement les mieux raisonnées, il était évidemment supérieur à la modeste situation qui l'attendait chez nous. Pourquoi se fixer sur un théâtre aussi étroit ? Pourquoi cet homme d'une réelle valeur est-il venu s'échouer, comme un lutteur blessé, sur le perchoir incommode qu'était cette maison n° 70 qui finissait en sifflet au point de jonction de la rue et du chemin de ronde ? C'est ce que nous apprendront les notes biographiques qui vont suivre.

Jacquinet (Jacques-Victor), est né en 1794 à Tonnerre, où son père exerçait la profession d'entrepreneur de peinture.

Il se rattachait à la Champagne par sa mère, Françoise Peuchet, de Troissy (Marne), et par son mariage avec sa cousine, Germaine Peuchet. Élève de Gros, il envoya au Salon de 1833 le portrait de sa mère, excellent morceau de peinture qu'il légua au Musée de Tours. Il exposa en 1834 plusieurs portraits, et en 1838 « une petite fille caressant un chat ». A la suite de mécomptes auxquels il fut trop sensible, il renonça aux expositions, partit pour Rome d'où il rapporta de remarquables copies d'après le Guide, Michel-Ange, le Caravage, etc. Il devint, à son retour, directeur de l'École municipale de dessin de Tours et conservateur du Musée. Il forma de nombreux élèves dont le plus connu est Alphonse Muraton. L'hospice de Tours possède un tableau de lui représentant « Saint-Martin vendant les vases sacrés au profit des pauvres ».

Jacquinet jouissait donc à Tours d'une situation enviable. Il y était considéré ; mais, hélas, le digne homme avait, comme tant d'autres, son point vulnérable, son talon d'Achille, sa fêlure, et c'était l'amour du moellon ; ce qu'on appelle communément la « maladie de la pierre », comparable, pour ses funestes effets, à la passion du jeu. Il avait une conception particulière de la maison d'habitation, prétendait sur ce point en remontrer aux architectes, et comme démonstration pratique, il fit construire deux spécimens conformes à ses théories. Les deux maisons n'étaient pas achevées, que déjà ses prévisions étaient dépassées dans des proportions inquiétantes. Il prit peur, et soucieux avant tout de faire honneur à ses affaires, il les régla avec une précipitation qui rendit cette liquidation plus désastreuse encore. Trop fier pour accepter cette « diminutio capitis », il quitta Tours, et élut domicile à Château-Thierry, à proximité de la famille de sa femme, « jurant, mais un peu tard, qu'on ne l'y prendrait plus... ». Serment d'ivrogne !

Une affiche de maisons à vendre rue du Château lui tombe sous les yeux. Il va les visiter : simple curiosité. La vue le charme, la situation le séduit. Il achète. Il entrerait volontiers de suite en jouissance à prix débattu ; mais le bon abbé

Mézières, locataire, a chez lui sa mère très âgée à qui un déplacement peut être funeste. Jacquinet l'y laissera finir paisiblement ses jours. Il lui reste la maison n° 70. Elle n'est pas logeable (1), c'est vrai ; mais les maçons sont là. Il les appelle, et voilà de nouveau notre pécheur impénitent pris dans l'engrenage.

Certes il y a d'infinies jouissances à faire bâtir, à mettre en mouvement des équipes de maçons, de charpentiers, de couvreurs, à répandre de la vie autour de soi, à réaliser son rêve. Bâtir, c'est créer, mais plus le jeu est attachant, plus il est périlleux. Cette fois, ce n'est pas seulement à la bourse du pauvre Jacquinet qu'il fut fatal.

Un jour que visitant ses travaux il marchait de solive en solive, son pied glisse ; le malheureux passe entre les poutres et vient s'abattre sur le sol, la colonne vertébrale brisée. Il fut pendant deux mois entre la vie et la mort. De constitution robuste, de caractère fortement trempé, dur à la souffrance, il se tira d'affaire (2), mais à quel prix ! avec paralysie des membres inférieurs et les infirmités qui s'en suivent. N'importe ! Il eût dit volontiers comme le pauvre homme de La Fontaine :

> Qu'on me rende impotent,
> Cul-de-jatte, goutteux, manchot,
> Pourvu qu'en somme, je vive...

et il vécut jusqu'à 73 ans.

Jacquinet se remit au travail avec une énergie, un ressort extraordinaires. Il peignit encore de nombreux portraits, dont quelques-uns remarquables ; ceux entre autres de

---

(1) M. Jacquinet habitait provisoirement dans la Grande-Rue, maison Michon — aujourd'hui maison de M. Jacopin.

(2) Mme Tribert, fort entendue auprès des malades, soigna son voisin avec l'habileté d'une infirmière et le dévouement d'une amie.

M. Jules Romet et de Mme Lemaître, née Harmand d'Abancourt et, si haut juché, si exigu que fût l'atelier, si infirme que fût le maître, il n'avait pas moins pour élèves l'élite de la jeunesse de la ville.

Mme Jacquinet était instruite, pieuse et bonne jusqu'à la candeur. Destinée à la carrière de l'enseignement, elle l'avait quittée pour se marier. Après la mort de sa fille bien aimée que tout le voisinage pleura, elle alla finir ses jours à Port-à-Binson, chez Mme Colin-Vieillard, sa parente et un peu aussi son élève. En témoignage de reconnaissance, elle légua ses deux maisons à M. et Mme Colin, qui les vendirent quelques années après.

*
* *

Sautons quelques maisons et venons de suite au n° 60 qui mérite de nous arrêter quelques instants. Le 2 octobre 1778, Louis-Nicolas Sutil, né du premier mariage de François Sutil avec Louise Deschamps (de Senlis), acheta à Cousin, contrôleur des actes à Montmirail, et à Louise de la Barre de Souvrieu, son épouse, deux maisons sises rue du Château, en face de l'hôtel occupé par Mme veuve Sutil. sa mère. Ce Nicolas Sutil, d'abord conseiller du Roi, son avocat au Bailliage et Siège Présidial de Château-Thierry, fut nommé président du Tribunal du District d'Égalité-sur-Marne, fonctions qu'il ne remplit pas longtemps, étant décédé le 20 mars 1793. L'une des susdites maisons était un bien propre recueilli en 1697 par Mme Cousin dans la succession de sa mère, veuve de la Barre de Souvrieu ; l'autre, celle du haut, avait été acquise par de la Barre de Souvrieu de Poan de Sapincourt en 1743. Sutil fit de ces deux bicoques une seule maison dont le premier étage seul fut achevé, et dont le rez-de-chaussée est resté à l'état de cellier. Les héritiers de Louis-Nicolas Sutil la vendirent au sieur Pierre Chateau, employé au District, le 29 novembre 1793, et cet acheteur de biens, que nous rencontrerons encore, la céda aux sieur et dame Bosseur, messagers originaires d'Oulchy-le-Château M. Muguet la racheta audit Bosseur le 14 novembre 1805. Il mourut en 1825. Veuf, en premières noces, de Marie-Louise-Catherine Sutil, il s'était remarié. Sa seconde femme, née Delacroix, hérita de la maison. Elle eut une fille qui épousa Antoine Tausserat, pharmacien à Vitry le-François, et c'est à la requête de Mlle Tausserat, héritière de sa grand'mère, veuve Muguet-Delacroix, décédée, que Mme Jules Romet, née Amélie de la Terrière, autorisée par son mari absent, acheta la maison le 24 mai 1841.

M. Jules Romet, ingénieur du Cadastre, venait de prendre sa retraite. Il arrivait de Corse où il avait dirigé les opérations du cadastre et dans la procuration envoyée à sa femme, il avait élu provisoirement domicile, chez son frère Romet de Lespine, entreposeur des tabacs à Corbeil. Les Romet étaient originaires de notre pays ; ils étaient apparentés à l'honorable famille Gréard qui habitait notre ville et qui les y attira.

M. Jules Romet était un fonctionnaire capable, apprécié de ses chefs, mais qui ne se gênait pas pour quitter son poste sans congé quand la fantaisie lui prenait d'embrasser les siens. Il risqua plusieurs fois la révocation et l'évita heureusement grâce à de puissantes interventions. Quant à Mme Romet, elle était attachée à un pensionnat londonnien pour professer la langue française. Elle revint d'Angleterre avec sa fille Mélanie, juste à point pour acheter la maison de la rue du Château. C'était un ménage bien uni... de loin, bien assorti, en ce sens que les conjoints étaient aussi dépourvus, l'un que l'autre, du sens pratique de la vie. Comme il arrive souvent aux femmes vouées à l'enseignement, habituées à la demi-clôture des pensionnats, Mme Romet ne voyait la vie qu'à travers les livres, et toujours plongée dans ses lectures, n'entendait rien aux soins du ménage. M. Romet était, de son côté, un doux rêveur, qui vivait un peu dans les nuages. Enfin ils vont être réunis. M. Romet arrive imaginant d'avance la blanche maison à volets verts chantée par le poète. Il fut un peu déçu en entrant dans ce logis paradoxal où le rez-de-chaussée se trouve au premier étage et le jardinet au grenier.

— J'avais espéré mieux que cela, dit-il doucement à sa femme ; mais ce qui est fait est fait ; n'en parlons plus.

Notre nouveau concitoyen, d'une parfaite urbanité, eut bientôt conquis l'estime et les sympathies générales. Grand, maigre, un peu voûté, la conformation de sa tête, au front et au menton fuyants, ses petits yeux bridés tenus à longue distance de la bouche par un nez busqué, imprimaient à son visage un peu du caractère particulier à la race ovine. Insoucieux des intérêts matériels, distrait, étourdi, ingénu, naïf et bon, il avait quelques points de ressemblance avec notre Jean de La Fontaine ; mais sa bonté était plus agissante que celle du fabuliste où il entrait pas mal de nonchaloir. Il n'est pas étonnant qu'avec des analogies morales aussi évidentes, il ait eu un culte pour notre poète. Il voulut même laisser à la postérité un témoignage irrécusable de son admiration en mettant à la scène une des innombrables anecdotes qui ont couru sur la vie de notre glorieux ancêtre. Cela s'appelait : *Jean de La Fontaine ou les Distractions d'un grand homme*, et se passait à Brasles. Dieu sait si l'on en glosa par la ville ! On donnait pour collaborateur à M. Romet son voisin et ami de Boussois, deux originaux faits pour s'entendre : celui-ci plus grotesque, l'autre d'essence plus fine.

Jules Dènecheau, qui avait pris la gérance du théâtre et remis la salle à neuf, monta la pièce pour la soirée d'inauguration qui eut lieu le 23 avril 1843. La salle était bondée ; le monde élégant se pressait dans les loges. Jamais le public n'avait été convié à pareille fête. Quand La Fontaine parut, sous les traits de M. Romet, zézayant son rôle (il avait un défaut de prononciation assez accusé), glissant sur les planches comme l'ombre immortelle du grand homme qu'il incarnait, ce fut une explosion de bravos, une ovation interminable. On n'entendit pas un traître mot de la pièce, tant étaient bruyants les rires, les trépignements des spectateurs.

Le délire ne connut plus de bornes lorsque Jules Denecheau, de sa voix vibrante, lança, sur l'air des puritains, les couplets qui flattaient la fibre patriotique des castrothéodoriciens, et que l'assistance reprenait en chœur :

> De Château-Thierry, le Seigneur,
> Dit pour affirmer notre honneur,
> Près cette forteresse antique,
> Quiconque se frotte s'y pique.

Louis Vol, le critique attitré du journal *L'Echo de l'Aisne*, donna, dans le numéro du 26 avril, un compte rendu de cette mémorable soirée qui est un petit chef-d'œuvre de persifflage sans méchanceté et d'ironie de bon ton. Quant à donner une analyse du scenario, L. Vol y renonce pour la bonne raison qu'il n'y avait rien compris. On serait curieux aujourd'hui de lire cette sensationnelle élucubration ; mais nul ne sait ce qu'est devenu le manuscrit (1).

M. Romet était serviable jusqu'au dévoûment, jusqu'au sacrifice de soi. Excellent nageur, il se fit bénévolement le professeur de natation de toute la jeunesse du pays ; mieux encore il n'hésita jamais à se jeter à l'eau pour sauver un malheureux en détresse. Après la mort de Mme Romet, sa fille Mélanie quitta le pensionnat de Villers-Cotterêts où elle professait, pour venir vivre auprès de son père. Ce furent pour celui-ci les meilleurs jours de sa vie, car aux vertus qu'elle tenait de ses parents, elle joignait des qualités domestiques qui leur avaient toujours manqué. Son modeste logis était le rendez-vous de la bonne société du pays. Elle eut la douleur de perdre son père en 1866. Elle lui survécut jusqu'en 1892. Elle mourut le 1er juillet, âgée de 76 ans, laissant à son cousin

(1) Louis Vol, né à Château-Thierry le 14 janvier 1814, quitta notre ville en 1845 pour aller diriger à Compiègne l'*Echo de l'Oise*. Juge au Tribunal de Commerce de Compiègne en 1855, président en 1860 ; chevalier de la Légion d'honneur en 1869. Il mourut à Tours le 5 octobre 1871.

Anatole Romet sa maison et le modeste mobilier en qui survit un peu d'elle-même.

Notre malheureux voisin et ami, M. Anatole Romet de l'Espine est mort le 29 janvier 1910, victime de l'inondation qui a désolé Paris. Il habitait, depuis trente ans, rue Chanoinesse, 12, un petit appartement au premier étage, sur cour, dans la plus ancienne maison du quartier, vieil hôtel bourgeois qui date d'au moins trois siècles. Il se plaisait dans ce coin oublié du vieux Paris, où il avait arrangé, réglé sa vie selon ses goûts, bien connu de tous les gens du voisinage pour qui il avait toujours un mot aimable et poli. Quand la crue de la Seine prit des proportions inquiétantes, sa sœur Mlle Clémence Romet l'avait plusieurs fois pressé de se réfugier chez elle. Il s'obstina à rester quand même ; mais quand il vit l'eau envahir sa rue, sa cour, et le menacer jusque dans son appartement, il éprouva une émotion, une angoisse si violentes qu'une crise cardiaque le foudroya soudain. En pénétrant chez lui pour lui remettre une nouvelle dépêche de sa sœur, on le trouva gisant sans connaissance. On le porta aussitôt à l'Hôtel-Dieu où l'on ne put que constater le décès. L'hôpital voulut bien toutefois garder cette épave humaine jusqu'au moment où les pompes funèbres vinrent enlever le corps pour le transporter à Château-Thierry où eurent lieu, le 2 février, les obsèques religieuses et l'inhumation.

Anatole Romet était un homme de 75 ans, vert encore, alerte et dispos, d'esprit curieux et ouvert, volontaire, plein de vitalité et de ressort. L'originalité de ses goûts, son besoin d'indépendance isolaient un peu du monde ce sauvage très civilisé et lui faisaient une personnalité d'un relief particulier. En voilà un du moins qui n'avait pas été jeté dans le moule commun ! Tous ceux qui, comme nous, ont eu l'avantage de connaître cet homme sympathique et bien élevé, ne sauraient jamais plus l'oublier.

Passons à la maison n° 44. Elle est fort ancienne. La hauteur des fenêtres et des plafonds, les dimensions relativement vastes de la cour et des terrasses indiquent que des personnages d'un certain rang l'habitèrent jadis ; mais les titres ne remontent pas si loin. M. Albrecht l'acheta récemment après le décès de Mme veuve Jean Fol. Il y a fait exécuter les travaux nécessaires à fin de location. Nous l'approuvons chaudement d'avoir respectueusement conservé et fait nettoyer avec soin une fenêtre à croisillons, encadrée d'élégantes colonnettes prismatiques qui donne sur la cour et date la maison du commencement de la Renaissance. Le lieutenant de gendarmerie Godefroid y demeura vers 1840 et le commissaire de police Sestre habitait tout à côté la maison n° 36. Il serait à souhaiter que la rue soit aussi bien gardée aujourd'hui.

Le n° 42, avec ses deux étages en encorbellement léger, montrait encore, il y a peu d'années, un dernier vestige de son confort passé. C'était un panneau en bois sculpté du plus coquet style Louis XV. Il était à deux compartiments dont l'un encadrait la glace et l'autre le trumeau (1). Dans la première moitié du xviiie siècle, la maison appartenait à M. et Mme de Belval. Ceux-ci la vendirent en 1754 à une demoiselle Delorme. Plusieurs propriétaires s'y succédèrent : M. de Moucheton (1810), M. et Mme Mary, M. et Mme Guillaume Marchand (1834) et finalement M. Berthemet, tapissier, qui la vend en 1860 au sieur Etiennot, maçon à Vitry-le-François, que des raisons de santé obligeaient de renoncer à sa profession. Il ne tarda pas à succomber, laissant sa femme et ses deux enfants dans une situation précaire. Mme Etiennot était matelassière de son état. Sa fille, très habile ouvrière en lingerie fine, travailla pour le monde et eut pour clientes toutes les dames de la ville. La mère mourut le 13 janvier 1893, ne laissant que sa maison qui fut pour sa fille la cause d'innombrables déboires. Elle ne put la louer, manquant des ressources nécessaires pour la remettre en état. Elle ne put la

____

(1) Il a été acheté 100 francs à Mlle Etiennot, par M. Danis, dans un état de vétusté qui exigeait de coûteuses réparations.

vendre, ayant un frère qui avait disparu sans lui laisser procuration en bonne et due forme. Elle trouva un jour acquéreur à 3,000 francs ; mais celui-ci se retira quand il connut sa
situation et refusa de signer un acte qui pouvait devenir pour
lui une source de difficultés. Pendant ce temps, l'immeuble
dont on avait, depuis trente ans, négligé l'entretien, faute
d'argent, menaçait ruine. La façade sur la rue faisait encore
assez bonne figure ; mais, du chemin de « La place » on
voyait la toiture, affaissée, béante, les murs crevassées, les
fenêtres dégondées. Il y avait véritablement danger à habiter
cette carcasse ouverte à tous les vents, où soufflait la bise, où
il pleuvait et d'où se détachaient, chaque jour, pierres et
platras. Laure Etiennot ne pouvait se résoudre à l'évacuer. Un
jour qu'elle descendait du second étage, l'escalier s'effondra
sous son poids et elle demeura suspendue dans le vide, les
jambes pendantes, cramponnée des deux mains à la rampe
qu'elle avait eu l'instinct de saisir. Cette situation périlleuse
dura, dit-on, environ huit minutes — huit siècles pour la
martyre. Elle appela au secours, jeta les hauts cris et, à bout
de forces, allait, comme on dit, lâcher la rampe, lorsqu'un
voisin, M. Macquart, arriva enfin et, non sans risques pour
lui-même, parvint à délivrer la pauvre fille qui en garde une
profonde reconnaissance à son sauveur.

L'aventure fit quelque bruit. La police se transporta sur les
lieux, jugea l'état de choses menaçant pour la sécurité publique, et une lettre du préfet, du 27 juillet 1906, somma la
demoiselle Etiennot de quitter sa maison dans les trois
jours. Laure affolée l'abandonna à la Ville qui la fit étayer
aussitôt. Elle eût été sur le pavé sans Mme Lacaze qui la
recueillit dans un des petits logements de sa maison n° 7.
Huit mois après, le 25 mars 1907, la Municipalité fit procéder
à la vente sur la mise à prix de 5 francs, et la maison fut
adjugée pour la somme de 10 francs (frais en sus) à M. Ch.
Garnier qui la reconstruisit à nouveau sauf la façade qui a
pu être conservée.

La maison n° 34 offre aussi toutes les apparences d'un vieux logis bourgeois. Les anciens du quartier l'appelaient encore, il n'y a pas longtemps, la maison de Graimbert. C'est là en effet que Louise-Adélaïde-Anne-Marie de Mornai d'Hangest, la seconde femme du comte Gilles-François de Graimbert de Belleau, vint finir ses jours après la mort de son époux. C'est également cette maison qu'habita Philbert-Jean de Graimbert d'Haqueville, le dernier des quatre fils du comte. Elle était un bien propre à sa belle-mère. Celle-ci la laissa à sa nièce Anne-Nicole-Mathurine de Mornai d'Hangest, domiciliée à Sézanne, qui la vendit le 3 avril 1846 à M. et Mme Duchemin (de Soissons). M. de Graimbert resta leur locataire jusqu'à sa mort survenue le 15 janvier 1859. Les familles Lagache-Duchemin, Grand-Delorme et Thibaut-Remeré se la transmirent jusqu'au jour où Mme Terreyre, veuve en premières noces de Grand-Delorme, la vend à M. Masson par acte du 23 janvier 1909 passé devant M^e Le Roy.

« Il y avait à Château-Thierry, nous dit l'abbé Hébert (tome II, page 278), une famille beaucoup plus noble que riche, celle des Mornai. Un Mornai, qui était seigneur d'Etrépilly, épousa Charlotte-Louise-Appoline d'Hangest, héritière de l'illustre maison d'Hangest en Picardie. Il fut autorisé à joindre au nom de Mornai celui de comte d'Hangest. Il acquit une maison rue du Château, vis-à-vis la rue de Büc. »

L'abbé Hébert ne date pas ces deux derniers faits, mais nous croyons pouvoir les placer vers 1720 environ. Nous lisons en effet dans l'*Inventaire sommaire des archives du département avant 1790*, rédigé par Souchon, archiviste de l'Aisne, publié à Laon en 1897, que François de Mornai, chevalier, seigneur d'Etrépilly, eut de son mariage avec Charlotte-Louise-Appoline d'Hangest, un fils, Adolphe-Louis, qui fut baptisé le 28 octobre 1727 et se maria le 10 novembre 1751 avec Anne-Marie Gouin de Roumilly. Il eut six enfants dont plusieurs filles. Son fils Benigne-Jean, né le 25 janvier 1756, épousa en 1785 Marie-Anne de Chavigny. Il était maire d'Etrépilly quand éclata la Révolution. Notre aimable et distingué collègue, M. Emile Deraine, qui a compulsé les archives de cette commune, nous a conté avec humour l'embarras de ce malheureux édile pris entre deux régimes inconciliables, parlant à ses administrés le langage emphatique du temps, s'efforçant de les suivre pour rester à leur tête, mais débordé bientôt par la violence du courant. « Il émigra en 1792. Sa femme fit prononcer son divorce et se remaria le 7 août 1793. Son mari était émigré depuis huit mois (1). » Benigne-Jean eut un fils qui vécut à l'étranger. « La plus jeune de ses filles, nous dit l'abbé Hébert, épousa un riche hollandais nommé Karsboom, qui habita Château-Thierry. » L'aînée vécut célibataire et habita la maison patrimoniale, celle qui porte aujourd'hui le n° 32. Ce fut un des hôtels les plus importants de la rue. La porte d'entrée principale conduit à une vaste

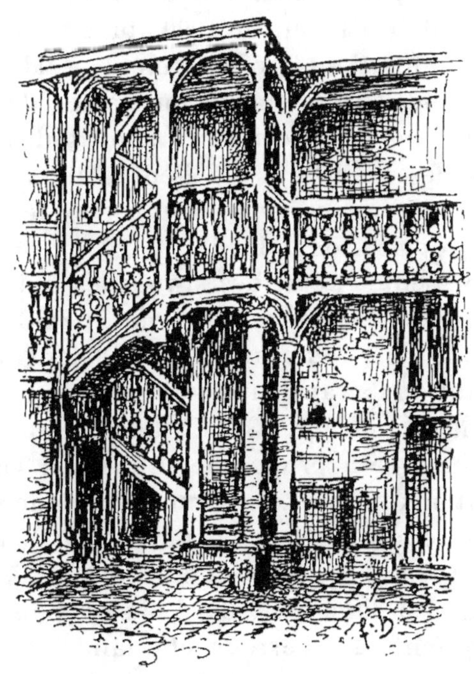

cour où l'on remarque, à gauche, un escalier à sveltes balustres en bois, de l'époque de la Renaissance, avec une galerie ornée également de balustres d'un galbe un peu plus lourd donnant accès aux jardins en terrasses. Une colonne en bois, surmontée d'un chapiteau d'un dessin très fin supporte la cage de cet escalier. Des caves, des celliers et remises occupent, au fond de la cour, le sous-sol des jardins. Le tympan de la porte cochère est orné d'un motif sculpté en plein bois représentant, à ce qu'il semble, une peau travaillée, assouplie ; ce qui ferait croire

_____

(1) Abbé Hébert, manuscrit, tome II, p. 293.

qu'une tannerie aurait existé dans la maison antérieurement à l'acquisition qu'en firent les Mornai. Au milieu du tympan, on voyait encore, il y a une trentaine d'années, une figure d'applique en haut relief qu'un brocanteur a cueillie au passage.

De la famille de Mornai, l'hôtel d'Hangest passa aux sieur et dame Chéron. Leurs héritiers vendirent la maison à Antoine Dufour, gros entrepreneur de maçonnerie. Il mourut en 1828, laissant la maison à son neveu, le docteur Lachaume, demeurant à Paris. Celui-ci la vendit en 1840 à M. et Mme Leroux. La veuve Leroux mourut en 1853. Son second mari, Honoré Jacob, en hérita, et des Jacob père et fils, elle passa à M. Mayeux, ancien chef d'institution à Paris, qui l'acheta en 1871. M. Jolain l'acheta en 1900 après le décès de ce dernier, et elle appartient présentement à M. et Mme Lévêque. Ceux-ci sont également propriétaires de la maison n° 30, qui, à en juger par certaines similitudes de construction, telles que les modillons de l'entablement et les appuis des fenêtres posés sur consoles a sans doute fait partie autrefois de la propriété des Mornai.

La rue présentait et présente encore des sinuosités qui, en apparence tout au moins, en atténuent un peu la raideur. Les maisons n°s 28, 26, 24 et 22 notamment, décrivaient une courbe concave donnant de l'aisance aux voitures qui montaient la côte ou voulaient tourner. C'était trop beau. Les bureaux de la voirie ont jugé à propos de supprimer cette courbe en abandonnant aux propriétaires qui se mettraient à l'alignement le terrain repris sur la voie publique. Quand l'administration soumet une rue aux rigueurs de la ligne droite pour l'élargir, elle est dans son rôle ; si c'est pour la rétrécir, elle est évidemment dans l'erreur, et quand il s'agit d'une rue escarpée, comme la rue du Château, cela devient de l'aberration. Toutefois le propriétaire des maisons sus-énoncées, Adolphe Pannier, entrepreneur de maçonnerie, trouvant quelqu'avantage à se conformer au nouvel alignement, profita de l'occasion pour moderniser un peu la façade de ses immeubles, ce qui ne laissait pas d'en faciliter la location.

On peut remarquer, encastrées au deuxième étage du n° 22, deux épreuves d'un moulage représentant une figure allégorique de la Loi ou de la Justice, de style académique Louis XVI ou Empire, qui a pu servir de modèle ou de projet pour une vignette de timbre de l'époque.

Château-Thierry posséda dès le xiiie siècle un collège pour l'instruction de la jeunesse de la ville, et c'est dans la rue du Château qu'il prit naissance. On en doit la fondation à Blanche d'Artois. Cette princesse d'une intelligence supérieure était fille de Robert, comte d'Artois, frère de Saint-Louis et nièce par conséquent de ce grand monarque. Elle épousa en 1269 Henri, roi de Navarre, à qui son frère Thibaut le Jeune, le dernier des Thibaut, comme seigneur de Château-Thierry, laissa en héritage les comtés de Champagne et de Brie. Henri mourut jeune en 1274 à Pampelune, capitale de la Navarre. Quand Blanche, reine régente de Navarre, eut marié sa fille Jeanne (1) à l'héritier présomptif de Philippe-le-Hardi qui régna sous le nom de Philippe-le-Bel, elle s'en vint à Château-Thierry goûter quelques années de repos signalées par maintes fondations utiles et pieuses. La création du Collège est de celles qui l'honorent le plus. Elle acheta, rue du Château, une maison qui lui plut à raison des facilités de communication qu'elle offrait avec la résidence seigneuriale. C'est celle que remplace aujourd'hui l'immeuble portant le n° 20. Il ne reste guère du bâtiment primitif qu'un cellier voûté qui exhausse le rez-de-chaussée, d'une douzaine de marches, et un escalier, moins ancien bien entendu, où l'on

(1) C'est cette Jeanne de Navarre, femme de Philippe-le-Bel, qui fonda l'Hôtel-Dieu de Château-Thierry en 1304.

voit encore des noms d'élèves gravés au couteau dans la pierre, difficiles à déchiffrer. A l'origine, les locaux scolaires étaient peu étendus, l'établissement ne recevant que des externes. Il était dirigé par le prieur du château, religieux Prémontré de Val-Secret, et le frère-prêtre Jean Leclerc en fut le premier maître. Ce dernier descendait chaque jour au Collège par un passage qui existe encore, passage commun à plusieurs propriétaires, appelé « le chemin vert ». Ce passage aboutit au chemin de ronde et communiquait directement autrefois avec le château par la tour rouge ainsi nommée parce qu'elle est garnie intérieurement d'un revêtement de briques.

Conformément aux intentions de Blanche d'Artois, l'instruction était gratuite, et le nombre des élèves s'accrut si rapidement qu'on dut nommer un second maître qui prit le titre de régent et résida dans l'établissement. Cet état de choses dura jusqu'en 1621 où l'abbé de Val-Secret abandonna la direction devenue onéreuse du Collège. Il céda la maison à la Ville, se réservant seulement le droit de collation avec le titre d'écolâtre. A partir de ce moment les élèves eurent à payer une rétribution. Voir pour plus de détails l'excellente « Histoire du Collège de Château-Thierry », de notre regretté collègue et ami, le Dr Corlieu, insérée au Bulletin de la *Société historique et archéologique de Château-Thierry*, année 1894, et publiée en brochure.

Le Collège exista jusqu'à la loi du 16 août 1793 qui interdisait l'enseignement congréganiste. On en fit alors un bureau quelconque et la jeunesse de la ville resta privée d'instruction jusqu'au décret du Premier Consul, daté du 27 mai 1803, qui affecta les bâtiments vacants des Cordeliers à l'établissement d'une École secondaire. La ville a été autorisée, par ordonnance royale du 19 mai 1824, à vendre l'ancien Collège à charge d'en employer le prix à l'acquisition d'une maison pour les Ecoles chrétiennes. Le Collège a été acquis aux enchères, le 20 décembre 1824, par le sieur Plu, entrepreneur de maçonnerie, qui en a fait la maison de rapport que nous voyons aujourd'hui. Elle devint ensuite la propriété d'Adolphe Pannier qui, de simple maçon, devint lui aussi entrepreneur à force de travail et de conduite, heureusement secondé d'ailleurs par une femme honnête, active et laborieuse. Pannier avait commencé comme maçon spécialement attaché à l'Hôtel-Dieu qui le logeait dans le pavillon gauche de la chapelle devenu depuis la soute au charbon destiné à l'entretien du calorifère. Son fils aîné prit la suite de ses affaires et prospéra comme son père. Il mourut jeune encore, et la maison n° 20 appartient à son frère cadet Pannier, marchand de vins en gros, rue des Capucins, *alias* « rue du Collège » nouveau.

Tout le pâté de maisons, depuis le n° 18 jusqu'au 26 appartenait, comme on l'a déjà vu, à cette famille. La maison n° 18 échut à Mme veuve Pannier, aujourd'hui veuve Paternotre, qui l'a vendue récemment à M. Larangot, ancien cultivateur à la ferme de Coupigny, commune de Montlevon. Henri Pannier l'avait achetée des héritiers Chotard. Le père Chotard, ancien tourneur, originaire de Montmirail, médaillé de Sainte-Hélène, y mourut en 1861.

La maison n° 12 se dresse au fond d'une cour à laquelle on accède par un passage pratiqué sous la maison n° 10, et commun à ces deux immeubles (1). Elle est connue depuis un temps immémorial sous le nom de « La Chancellerie ». Malgré les divers changements qu'elle a dû subir, elle garde encore quelques vestiges de son ancienne importance. Un escalier extérieur en pierre avec rampe en fer forgé donne accès au premier étage élevé sur des sous-sols qui tiennent lieu de rez-de-chaussée. Au-dessus de la porte d'entrée, on lit

(1) Ce passage était autrefois fermé sur la rue par une lourde porte en chêne avec ornements sculptés en relief, munie d'une serrure curieuse par son ancienneté. Nous nous souvenons avoir vu dans notre enfance des fragments des vantaux supérieurs (tympans) menaçant de tomber et qu'on a enlevés par mesure de prudence.

là date 1559 gravée dans la pierre. Ce chiffre est surmonté d'une sorte de tortil, orné de plumes formant panache qui semble indiquer la destination de l'édifice. Une tour couronnée d'un colombier sert de contrefort à cette bâtisse haute de trois étages. Elle relie le n° 12 au n° 14 qui fut certainement une dépendance de la Chancellerie et montre encore une lucarne avec galerie en bois sculpté et ajouré qui sent son origine seigneuriale.

La façade nord, sur les jardins, plus respectée par les propriétaires, ou mieux protégée par sa situation contre les injures du temps, a conservé sa décoration de l'époque de la Renaissance : bandeaux et pilastres d'un relief léger, chiffre-monogramme aux points de jonction, entablement orné de mascarons figurant des têtes de lions alternées avec des têtes d'anges.

Et d'abord qu'était au juste la Chancellerie ? C'est sous toutes réserves que nous essayons de répondre à la question. La Chancellerie n'avait pas uniquement pour objet, croyons-nous, les opérations que le mot comporte. Elle était aussi un service public, puisqu'elle comprenait et précéda l'Enregistrement et l'Hypothèque, cette dernière sous le nom de « Bureau d'insinuation ».

L'Hôtel de la Chancellerie dut être primitivement une annexe du château. Son caractère quelque peu monumental le prouve. On serait porté à croire qu'il resta dépendance du château jusqu'à la Révolution ; mais il semble bien que, dès le xviiie siècle, il cessa d'appartenir aux seigneurs, puisque nos titres nomment les particuliers qui le possédèrent, sauf peut-être à le louer aux châtelains.

Nous voyons Le Pelletier, officier de la capitainerie de la maison royale de Monceaux, vendre, le 17 septembre 1736, la maison de la chancellerie à Pierre Desprez. En 1773, les héritiers de Pierre Desprez, les sieurs Thouvenot, écuyer et Louis Desprez, procureur au Parlement à Paris, vendent l'immeuble à Jean Brion, ancien notaire à Château-Thierry. Il passa par héritage, en 1798, à sa fille, Rosalie Brion, épouse d'Amand Parfait Truet, procureur ès-sièges royaux, qui fut plus tard juge de paix (section d'Essômes). Celui-ci le cède en 1794 à Louis Chauveau, employé au District, qui paraît avoir fait commerce de biens payés sans doute en assignats. Chauveau le revendit, en effet, presqu'aussitôt aux époux Gada (3 août 1795).

Gada, ancien marchand de vins à Orbais, maria sa fille à Nérat de Lesguisé, avocat, qui fut sous-préfet de Château-Thierry durant tout le règne de Louis-Philippe.

Les héritiers Gada vendirent le 21 mars 1833, à J.-B. Antoine Lourdeault, imprimeur, natif de Fère-en-Tardenois. Celui-ci se livra à des dépenses exagérées qui compromirent son crédit et l'obligèrent à céder son imprimerie. Amand Laurent reprit l'établissement en 1838 et le transporta Grande-Rue où il est encore. Les biens de Lourdeault furent vendus à l'audience des criées du Tribunal de Château-Thierry en 1841. Un spéculateur, Henri Mouroux, s'en rendit adjudicataire et trouva, l'année suivante, un acquéreur sérieux en la personne de M. Pierre-Henri Dugied, ancien préfet du Bas-Rhin, chevalier de la Légion d'honneur. Ce dernier mourut le 16 novembre 1869. Ses héritiers vendirent l'ancien hôtel de la chancellerie, par adjudication amiable, le 11 mars 1890, à M. Charles-Louis-Marie Mayeux, ancien chef d'institution à Paris, que son ami M. Moulin avait décidé à se retirer dans notre ville. Dès 1864, M. Moulin avait réussi à l'affilier comme membre correspondant à notre Société. Il en fut l'un des membres les plus actifs dès qu'il devint notre concitoyen, et, à raison de ses travaux, ses collègues l'honorèrent du titre de Vice-Président. L'originale et pittoresque demeure que s'était choisie M. Mayeux ne pouvait manquer d'intéresser un esprit curieux et chercheur tel que le sien. Il s'enquit de ses origines, s'attacha à la décrire et lui consacra, dans le Bulletin de l'année 1873, une substantielle notice à laquelle nous avons fait plus d'un emprunt.

M. Mayeux, qui avait le goût de la propriété, acheta le 10 novembre 1868, pour la réunir à la sienne, la maison n° 16 sur laquelle plane encore le souvenir de M. Poan de Sapincourt, un des maires les plus populaires de notre ville, grâce à l'exquise urbanité qui le rendait accessible et bienveillant à tous. C'est lui qui eut l'honneur de recevoir le roi Louis-Philippe lorsqu'il vint visiter Château-Thierry en 1831. Son habitation consistait en deux corps de logis (n°s 14 et 16 actuels), séparés par une vaste cour, avec l'agrément d'un beau jardin auquel on arrivait par le « chemin vert » (1). Ce jardin dépendait auparavant du Collège et le prieur du château en avait la jouissance. Il a été vendu par la commune de Château-Thierry comme bien communal après la suppression du Collège par bail emphytéotique au sieur Donnaut par acte passé devant Chastelain, notaire, le 12 ventôse an VII. Ce bail fut converti plus tard en vente ferme au profit de M. Sapincourt.

Cette maison appartint à Robert de La Fontaine, puis à Pierre Leseur, tous deux procureurs ès-sièges royaux (1771). A la mort de ce dernier, son fils Louis-Michel Leseur, notaire-arpenteur-géomètre à Château-Thierry, et son frère-cohéritier, Cénéric Leseur, qualifié dans l'acte « bourgeois de Paris », y demeurant, la vendirent le 6 novembre 1783 à Étienne Fache, procureur ès-sièges royaux. Voilà bien des procureurs de sièges royaux ! Mais ne nous laissons pas éblouir par ces titres pompeux. Ces procureurs étaient tout simplement ce que sont aujourd'hui nos avoués qui, sous une qualification plus modeste, sont supérieurs à leurs aînés en science juridique et sans doute aussi en honorabilité.

Fache, né à Epernay en 1745, épousa avec ardeur les idées nouvelles. Il devint juge de paix de la Section urbaine de Château-Thierry et fut envoyé comme député à l'Assemblée législative. Son zèle délateur ne l'empêcha pas d'être écroué à son tour dans la prison de la rue du Château où ses victi-

(1) Ce chemin, qui présentait tous les inconvénients d'une impasse, a été fermé le 20 mai 1808 sur pétition des propriétaires intéressés.

mes, Mlle d'Hangest entre autres, saluèrent son arrivée de bravos ironiques. Le 9 thermidor le sauva et il mourut à Paris le 14 avril 1800, âgé de 55 ans.

M. de Sapincourt acheta la maison aux héritiers Fache en 1803.

*
* *

La maison voisine n° 10 appartint dans les dernières années du xviiie siècle à dame Louise-Élisabeth-Sébastienne de La Fontaine de Lamotte. Celle-ci la légua, en 1786, à sa nièce Marie-Claire de La Fontaine, veuve de l'ancien Procureur du Roi au Bailliage et Présidial de Château-Thierry, Despotz, qui, pendant son long exercice, a laissé, comme son père, à qui il succéda, le souvenir d'un fontionnaire intègre et dévoué à ses concitoyens. Le vicomte Louis-Christophe Héricart de Thury en devint propriétaire en qualité de légataire universel de sa cousine Marie-Claire de La Fontaine, suivant son testament olographe du 8 septembre 1809, ouvert par le Président du Tribunal Detape, le 13 novembre 1820. Héricart de Thury la vendit, par acte passé devant Me Populus et son collègue de Boussois, le 10 février 1822, à M. Jean-Baptiste-Adolphe Geisler, ancien notaire à Condé-en Brie, juge de paix au même lieu. M. Geisler espérait y finir ses jours. Il n'eut pascette satisfaction. Il mourut à Condé le 29 novembre 1825, âgé de 73 ans.

Dans le partage qui suivit son décès, la maison de la rue du Château échut à sa fille, Angélique-Victoire Geisler, épouse de François-Joseph Henriet, dit Henriet-Hélot, du nom de sa première femme, nom sous lequel on continua à le désigner en dépit de son second mariage. Il quitta alors la maison de commerce d'épiceries-rouenneries, qu'il tenait aux Quatre-Vents et vint habiter la rue du Château. Le 6 septembre 1826, un dernier enfant y naquit auquel ses parents se gardèrent bien de donner le prénom de Désiré.

A la mort de Mme veuve Henriet, née Geisler, survenue en

1867, la maison passa à sa fille, Adélaïde Henriet, femme Tirrion, et au décès de celle-ci à sa fille, Léonide Tirrion, épouse de Gustave Henriet, propriétaire actuelle.

Le voisin de M. G. Henriet, M. Mayeux, mourut le 28 mars 1891. On a déjà vu à quel point il poussait le culte de la bâtisse. Outre ses maisons de la rue du Château, il possédait le château d'Étampes, ou du moins ce qu'il en restait, plus une vaste maison en ce même village, et un immeuble à usage de pensionnat, quartier des Filoirs. M. Mayeux fut victime, lui aussi, de son amour immodéré du moellon. Il laissa aux siens une succession difficile à réaliser et qui causa des déceptions, comme il arrive généralement avec les maisons dont nous sommes toujours portés à nous exagérer la valeur parce que nous leur prêtons un intérêt d'ordre sentimental qui n'a de prix que pour nous.

On procéda en 1893, devant le tribunal, à la licitation des biens ; ce qui ne laissait pas d'inquiéter un peu Gustave Henriet. Les servitudes qui frappent le passage commun aux n°s 10 et 12 avaient déjà soulevé, entre les propriétaires de ces immeubles, des contestations toujours solutionnées dans un esprit de bon voisinage ; aurait-on des voisins aussi accommodants ? G. Henriet s'avisa d'un moyen topique de couper court à toutes difficultés de ce genre ; il acheta les n°s 12, 14 et 16 et resta ainsi maître de la place.

Notons en passant que Gustave Henriet est notre collègue à la Société d'archéologie. Il y a remplacé son frère, l'abbé Henriet, ancien doyen d'Oulchy, aumônier de la pension Saint-Eugène, décédé en septembre 1898. Il y a fait fonctions de trésorier jusqu'au jour où sa santé l'obligea à les résigner, au grand regret de ses collègues qui lui conférèrent l'honorariat.

La maison n° 8 est desservie par une porte cochère qui mène à une cour à droite de laquelle se développe une aile en retour qui complète les aménagements du corps de logis donnant sur la rue. Cette aile est appuyée dos à dos à l'Hôtel de la Chancellerie. La cour va toujours en se rétrécissant et gagne le chemin de ronde au moyen d'une bande de terrain achetée récemment à la Ville par le propriétaire actuel.

Des titres qui ont passé sous nos yeux, il résulte que la maison appartenait en 1671 au sieur Carrier, qualifié dans les actes procureur ès-sièges royaux. C'était, comme nous l'avons déjà dit, une sorte d'avoué qui opérait non seulement au Bailliage et Présidial de la ville, mais sans doute aussi devant d'autres juridictions, comme la Prévôté, le Grenier-à-Sel, l'Élection, la Maîtrise des Eaux-et-Forêts, etc., ce qui expliquerait l'usage du pluriel « ès sièges royaux ». Mᵉ Carrier eut pour successeur, médiat ou immédiat, Mᵉ Jérôme, à qui succéda, vers 1812, Michel-Marie Denisart, né à Villers-Agron, canton de Fère-en-Tardenois, en 1787. M. Denisart acheta la maison à Mᵐᵉ veuve Jérôme, où il exerçait peut-être déjà à titre de locataire. Il l'acheta vers 1825, puisque le cadastre de 1824 la désigne encore comme propriétaire. Il céda son étude à Mᵉ Henri Bahu vers 1835, et obtint l'honorariat.

Tous les anciens du pays se rappellent ce petit vieillard aux cheveux d'argent, courtois, paisible, de tenue correcte et soignée. Quand il eut pris sa retraite, il a été conseiller municipal, administrateur des Hospices, président du Bureau d'assistance judiciaire, etc. Il mourut à Château-Thierry le 8 novembre 1875, dans sa 89ᵉ année (1).

Sa maison a été achetée par sa petite-fille, Mᵐᵉ Paisant, née Marie Cleray, le 3 janvier 1876, à la barre du Tribunal de Château-Thierry (2).

M. et Mᵐᵉ Paisant, domiciliés à Versailles, ont loué ce bien de famille à Mᵉ Butel, notaire, à son successeur Mᵉ Cho-

---

(1) M. Denisart se croyait et se disait parent de J.-B. Denisart, procureur au Châtelet de Paris, célèbre jurisconsulte, auteur d'un recueil de jurisprudence : « Collection de Décisions ». Le précurseur des Sirey et des Dalloz naquit à Iron, près Guise (Aisne), en 1712, et mourut à Paris le 4 février 1765.

(2) M. Alfred Paisant, substitut du procureur impérial près le Tribunal de Château-Thierry, y épousa Mˡˡᵉ Cleray, le 6 octobre 1863. Après une brillante carrière dans la magistrature, il a pris sa retraite comme Président du Tribunal de Versailles avec le titre de Président honoraire.

veaux et, présentement, à **MM**. Rep et Filliette, banquiers, pour le compte de qui fonctionne une fabrique de sacs en papier pour le commerce de détail.

L'auberge du Soleil d'Or (n° 6) est une des plus anciennes de la Ville. Elle est à peu près la seule avec l'Hôtel de Verdun (aujourd'hui la Girafe) qui survive aux nombreux hôtels, autrefois prospères, maintenant disparus, du Faubourg de Marne. Le Soleil d'Or doit cette exceptionnelle longévité à la proximité de la place du Marché qui lui assure une clientèle régulière et solide. Tous les vendredis, la rue est encombrée de carrioles, charrettes et autres véhicules que l'auberge ne peut loger dans sa cour aussi étroite qu'elle est profonde en longueur et que rétrécissent encore les écuries et autres communs de l'établissement.

Bosseur en était propriétaire et tenancier en 1824, suivant les indications du cadastre relevé à cette date. Il avait soumissionné le service des dépêches entre Château-Thierry et Soissons, d'où il repartait la nuit, à une heure du matin. Gosse lui succéda vers 1835. A sa mort, la veuve Gosse passa la main aux époux François que suivirent Liévin et à l'heure qu'il est Raymond-Métivier.

L'immeuble voisin n° 4 présente une configuration analogue dans des proportions beaucoup plus vastes. Son étendue superficielle se prêtait au genre d'industrie qu'y établit le sieur Nanteuil, loueur de voitures, dont les chevaux et le matériel roulant évoluaient à l'aise dans ce large hippodrome. Ce Nanteuil peut compter au nombre des figures originales et populaires du pays. Grêlé mais jovial, rond comme une futaille mais alerte et débrouillard, libre en ses paroles et sans gêne en ses façons, ce gros homme faisait le plus plaisant contraste avec sa femme, belle personne très minaudière et sucrée, toujours plongée dans la lecture des romans mondains de l'époque, pour échapper, au moins en imagination, aux vulgarités de son milieu.

A certains jours pourtant Nanteuil quittait le gilet rond du palefrenier pour endosser l'uniforme de hussard de la milice citoyenne : car la Garde Nationale avait son peloton de cavalerie qui paradait au Champ de Mars les jours de revue. C'était beau quand les hommes présents atteignaient à la douzaine, et c'était un spectacle des plus comiques que de voir ces cavaliers obèses suant sang et eau pendant tout le temps que durait la cérémonie, pour faire tenir l'alignement à leurs coursiers peu fougueux pourtant, mais obstinément indociles. Ils remuaient sans cesse, avançant, reculant, piaffant, piétinant et ne pouvant garder l'immobilité même pendant l'instant solennel où les autorités constituées passaient gravement devant le front de bandière. Ces jours-là, Mme Nanteuil pouvait être fière de son mari et c'est sans doute sous cet appareil guerrier qu'elle aima à se le représenter dans ses songeries de veuve, car il mourut dans la force de l'âge, et l'établissement qu'il avait créé, dont il était l'âme, ne lui survécut pas.

L'acquéreur de la propriété vendit la portion en bordure sur la rue où l'on construisit la maison n° 2, dont le rez-de-chaussée est loué à une fruitière. Ainsi réduite, la maison convient encore à des fonctionnaires, à des officiers ministériels. Nous y avons connu l'étude Guériot avant qu'il la transférât en face ; M. Pouriau, procureur de la République, décédé à Amiens, conseiller à la cour, Me Bove, avoué. Elle fut habitée jusqu'à sa mort par M. Emile Drouet qui la légua à sa sœur, Mme Lacaze. Elle est la propriété des héritiers Lacaze, ainsi que le « Soleil d'or » et est occupée présentement par M^e Le Roy, notaire (ancienne étude Guériot) (1).

Avant l'ouverture de la rue Vallé, la rue comptait une maison de plus, celle du menuisier Henry. Elle a été sacrifiée ainsi que celle du teinturier Toussaint qui touchait au vieil hôtel-de-ville, pour mettre ce côté de la place du Marché à l'alignement de la rue Vallé. Les démolitions ont heureusement dégagé le jardin du notaire qui se trouve en

---

(1) M. Guériot est décédé le 25 mars 1910, âgé de 80 ans. Avec lui disparaît une des figures intéressantes et sympathiques de la rue.

bordure sur la place. Quant à la maison Ballerich qui en fait le coin, elle a été prise comme celle de la fruitière sur l'immeuble Billard-Nanteuil.

Je m'étais donné la tâche d'écrire la monographie de la rue du Château. Au moment où j'y mets le point final, je m'inquiète de ne l'avoir pas mieux remplie. L'auteur n'est jamais satisfait d'un travail de cette nature parcequ'il sait les lacunes qu'il a, de guerre lasse, laissées. Il sait aussi par expérience que les documents même les plus officiels ne sont pas toujours impeccables. Il est impossible, d'autre part, que dans un ouvrage hérissé, comme celui-ci, de dates et de noms propres, il ne se glisse pas bien des inexactitudes ; mais je ne veux pas imiter les mauvais ouvriers qui se plaignent de leurs outils. J'aime mieux m'approprier la formule qu'employaient autrefois nos écrivains, quand ils prenaient congé du lecteur et dire, comme eux : excusez les fautes de l'auteur.